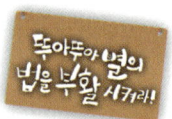

생활 속 법 이야기

1판 2쇄 발행 2024년 6월 19일

글쓴이 김경희
그린이 문수민

편집 이용혁 박재언 이순아
디자인 문지현 오나경

펴낸이 이경민
펴낸곳 ㈜동아엠앤비
출판등록 2014년 3월 28일(제25100-2014-000025호)
주소 (03737) 서울특별시 마포구 월드컵북로22길 21, 2층
전화 (편집) 02-392-6901 (마케팅) 02-392-6900
팩스 02-392-6902
전자우편 damnb0401@naver.com
SNS

ISBN 979-11-6363-343-3 (74400)

※ 책 가격은 뒤표지에 있습니다.
※ 잘못된 책은 구입한 곳에서 바꿔 드립니다.
※ 이 책에 실린 사진은 위키피디아, 셔터스톡에서 제공받았습니다.

도서출판 뭉치는 ㈜동아엠앤비의 어린이 출판 브랜드로, 아이들의 지식을 단단하게 만들어 주고, 아이들의 창의력과 사고력을 키워 주어 우리 자녀들이 융합형 창의 사고뭉치로 성장할 수 있도록 좋은 책을 만들겠습니다.

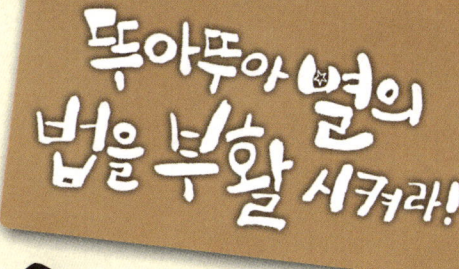
뚜아뚜아 별의
법을 부활 시켜라!

생활 속 법 이야기

글쓴이 **김경희** 그린이 **문수민**

이 세상에 법이 없다면 어떻게 될까?

펴내는 글

도덕과 법은 어떻게 다를까?
법 없이 개인의 양심에 맡기면 안 될까?

선생님의 질문에 교실은 한순간 조용해집니다. 인내심이 한계에 다다른 선생님께서 콕 집어 누군가의 이름을 부르는 순간 나는 걸리지 않았다는 안도감에 금세 평온을 되찾지요. 많은 사람 앞에서 어떻게 말을 해야 하나 고민해 보지 않은 사람은 없을 겁니다. 사람들 앞에서 자신의 생각을 조리 있게 전달하는 기술은 국어 수업 시간에만 필요한 것이 아닙니다. 학교 교실뿐만 아니라 상급 학교 면접 자리 또는 성인이 된 후 회의에서도 자신의 의견을 분명히 표현할 수 있어야 합니다. 하지만 어디서부터 시작해야 할지 몰라 입을 떼는 일이 쉽지 않습니다. 혀끝에서 맴돌다 삼켜 버리는 일도 종종 있습니다. 얼떨결에 한마디 말을 하게 되더라도 뭔가 부족한 설명에 왠지 아쉬움이 들 때도 많습니다.

논리적 사고 과정과 순발력까지 필요로 하는 토론장에서 자신만의 목소리를 내려면 풍부한 배경지식은 기본입니다. 게다가 고학년으로 올라가서 배우는 수업과 진학 시험에서의 논술은 교과서 이상의 것을 요구합니다. 또한 상대의 의견을 받아들이거나 비판하기 위해서는 의견의 타당성을 검토하고 높은 수준의 가치 판단을 해야 하는 경우가 많은데, 자신의 입장을 분명히 하기 위해서는 풍부한 자료와 논거가 필요합니다.

토론왕 시리즈는 사회에서 일어나는 다양한 사건과 시사 상식 그리고 해마다 반복되는 화젯거리 등을 초등학교 수준에서 학습하고 자신의 말로 표현할 수 있도록 기획

되었습니다. 체계적이고 널리 인정받은 여러 콘텐츠를 수집해 정리하였고, 전문 작가들이 학생들의 발달 상황에 맞게 스토리를 구성하였습니다. 개별적으로 만들어진 교과서에서는 접할 수 없는 구성으로 주제와 내용을 엮어 어린이 독자들이 과학적 사고뿐만 아니라 문제 해결력, 창의적 발상을 두루 경험할 수 있도록 하였습니다. 또한 폭넓은 정보를 서로 연결지어 설명함으로써 교과별로 조각나 있는 지식을 엮어 배경지식을 보다 탄탄하게 만들어 줍니다. 이러한 통합 교과형 구성은 국어를 기본으로 과학에서부터 역사, 지리, 사회, 예술에 이르기까지 상식과 사회에 대한 감각을 익히고 세상을 올바르게 바라보는 눈을 갖는 데 큰 도움이 될 것입니다.

『뚜아뚜아별의 법을 부활시켜라! 생활 속 법 이야기』는 법을 철저히 지키려고 노력하는 바른이가 무법천지가 된 뚜아뚜아별에 법의 중요성을 알리면서 사회 질서를 바로잡는 이야기입니다. 도덕과 법의 차이는 무엇인지, 법은 누가 만든 것인지, 만약 법이 없다면 사회가 어떻게 될지를 뚜아뚜아별의 에피소드를 통해 여러분에게 들려주고 있지요. 또한 법을 어겼을 때의 처벌 수위와 인권 문제를 함께 다룸으로써 처벌보다는 인권이 더 중요함을 일깨워 주고 있습니다. 이 책을 통해 어린이들이 법이란 나쁜 사람을 처벌하기 위한 것이 아니라, 우리 인간의 자유와 행복을 보장해 주기 위한 것임을 알고, 공동체를 위한 사회 규범의 중요성을 깨닫게 되기를 바랍니다.

편집부

차례

펴내는 글 · 4
나는야, 법 지킴이 · 8

1장 법이란 무엇일까? · 11

무법천지 뚜아뚜아별

오두막집 할머니

토론왕 되기! 법은 왜 지켜야 할까?

2장 국민의 권리와 의무 · 31

세상 끝에 있는 지하 감옥

전설의 기사 랜슬럿

토론왕 되기! 악법도 법일까?

3장 법은 누가 만들까? · 53

광장에서 희망을 발견하다

반지의 비밀

토론왕 되기! 어떤 국회 의원을 뽑아야 할까?

뭉치 토론 만화
배고픈 친구를 위해 빵을 훔치면 유죄일까? · 75

4장   우리 생활과 법 · 83

법의 일생

어린이를 위한 법

토론왕 되기!   법은 왜 나라마다 다를까?

5장   재판과 형벌 · 103

모리배의 등장

법정에 선 모리배

토론왕 되기!   사형 제도는 없애야 할까, 유지해야 할까?

어려운 용어를 파헤치자! · 121

법 관련 사이트 · 122

신나는 토론을 위한 맞춤 가이드 · 123

1장

법이란 무엇일까?

무법천지 뚜아뚜아별

달빛 한 점 없는 컴컴한 밤이었어. 막 잠을 자려고 침대에 누웠는데 어두운 하늘에서 갑자기 마른벼락이 치지 뭐야? 깜짝 놀라 밖을 보니 환한 불빛 하나가 반짝이며 내 방 창문으로 다가오고 있었어.

흔들흔들 빙글빙글, 불빛은 마치 내게 창문을 열어 달라는 듯 창밖에서 춤을 추었어.

"뭐지?"

나는 벌떡 침대에서 일어나 창밖을 내다보았어. 순간 불빛이 점점 커지더니 우주선으로 변했어.

번쩍번쩍, 우주선에서 쏟아지는 강렬한 빛을 타고 한 여자아이가 미끄러지듯 마당 위로 사뿐히 내려앉았어. 여자아이는 막 만화를 찢고 나온 것처럼 귀엽고 예뻤지.

"내가 꿈을 꾸고 있는 건가?"

눈을 마구 비빈 후 다시 자세히 보려는 순간, 너무 놀라 뒤로 자빠질 뻔했어. 글쎄 그 여자아이가 어느새 내 방 안에 들어와 있지 뭐야?

"네가 법 지킴이 한바른 맞지? 나는 뚜아뚜아 별나라의 공주 세리라고 해! 나를 좀 도와주겠니?"

세리가 방긋 웃으며 내게 손을 내밀었어.

"나 같은 어린애가 무슨 도움이 된다고?"

내 말에 세리가 이야기를 시작했어.

세리가 사는 별나라는 지금 무법천지래. 모리배라는 나쁜 악당이 나라를 엉망진창으로 만들어 버려서 나라의 법이 모두 사라졌다지 뭐야? 그래서 나라의 법을 바로 세우기 위해 나를 찾아왔대.

"아하, 그런 일이라면 내게 맡겨! 법이라면 한바른이지!"

나는 자신만만하게 세리의 손을 덥석 잡았어.

세리는 나를 우주선 안으로 이끌었어. 곧 우리가 탄 우주선은 하늘 높이 떠올라 우주로 나갔지. 그리고 순식간에 뚜아뚜아별로 날아갔어.

"여기가 뚜아뚜아 별나라야! 바른아, 나는 우주선을 반납하고 올 테니까 잠깐 여기서 기다려."

세리가 볼일을 보러 간 사이 나는 시내 구경을 다녔어.

내가 본 세리네 별나라는 생각했던 것보다 훨씬 더 심각했어. 그야말로 무법천지였지.

사람들은 하나같이 차례도 지키지 않고, 공공장소에서 시끄럽게 떠들어 댔어.

"모두들 공중도덕이 너무 엉망인걸! 무슨 이런 데가 있지?"

나도 모르게 이맛살이 찌푸려졌어.

그런데 정말로 나를 놀라게 한 건 따로 있었어. 글쎄 사람들이 신호등이랑 횡단보도가 있는데도 신호를 무시하고 막 건너는 거야. 자동차가 달려오고 있는데 아무렇지 않게 무단 횡단을 했지.

"저러다 큰일 나겠는데!"

까딱 잘못하다가는 목숨을 잃을 수도 있는데 아무렇지도 않게 행동하는 사람들이 정말 이해가 안 갔어.

때마침 바로 내 앞에서 무단 횡단을 하는 남자가 보였어. 자동차들이 달리고 있는데 멈춰 서지 않고 횡단보도를 건너려는 거야.

"앗! 위험해요!"

나는 남자의 팔을 붙잡았어. 그런데 남자가 내게 버럭 소리를 질렀어.

"야! 네가 뭔데 나를 붙잡고 그래? 너 때문에 약속 시간에 늦으면 책임질 거야?"

나는 어처구니가 없었어.

"지금 약속이 중요해요? 그러다 사고 나면 어떻게 해요?"

"무단 횡단 매일 해도 사고 한 번도 안 났거든! 그러니까 남의 일에 신경 쓰지 말고 너나 잘해."

남자의 말에 나도 화가 났어.

"무단 횡단을 하면 도로 교통법 위반이에요! 아저씨는 제10조 2항에 의해 범칙금을 내야 한다고요."

"도로 교통법 위반? 웃기시네! 퉤퉤!"

남자가 길바닥에 침까지 뱉었어.

"지금 길바닥에 침을 뱉은 거죠? 이건 경범죄라고요!"

"경범죄? 푸하하하! 그럼 여기 길에 있는 사람들 모두 경범죄로 잡아가야겠네!"

남자의 말에 주변을 둘러보았어.

길거리에는 아무렇지 않게 길바닥에 껌을 뱉는 사람, 담배꽁초를 버리는 사람, 휴지를 버리는 사람, 새치기하는 사람도 있었어. 어느 누구 하나 법을 지키는 사람이 없었지.

"저 사람들도 모두 혼나야 해요!"

내가 소리쳤어.

"맹랑한 꼬마 녀석이군! 혼을 어떻게 낼 건데?"

"법이 있잖아요!"

"법? 방법을 말하는 건가?"

남자가 빈정거렸어.

"방법을 말하는 게 아니라, 강제력을 가지고 있는 법을 말하는 거예요. 저렇게 법을 안 지키는 사람들은 벌금을 물려야 해요."

"침 좀 뱉었다고? 어른에게 인사를 안 했다고? 남의 물건 몇 개 들고 갔다고 벌금? 어이가 없어라! 뚜아뚜아별에서 법이 없어진 지가 언젠데, 쯧쯧!"

남자가 못마땅한 얼굴로 나를 쳐다봤어.

남자의 말에 나는 할 말이 없었어. 물론 어른에게 인사를 하지 않거나 차례를 지키지 않는 것은 개인이 지켜야 할 도덕을 지키지 않은 것이기에 법적으로 처벌할 수는 없어. 하지만 다른 사람의 물건을 훔쳤다면 법을 어긴 것이 되므로 절도죄로 처벌할 수 있지.

그때 우리 모습을 지켜보던 꼬마 하나가 코를 후비적거리더니 코딱지를 내 팔에 붙이지 뭐야?

"으악! 더러워!"

내가 소리를 지르고 있을 때 세리의 목소리가 내 귀에 들렸어.

"바른아! 왜 그래?"

"얘가 코딱지를……. 아 그것보다 방금 길에서……."

나는 내가 보고 겪은 이야기를 들려주며 걱정 보따리를 풀어놓았지.

"너네 별이 어쩌다 이렇게 되었는지 알아야 해결 방법을 찾을 수 있

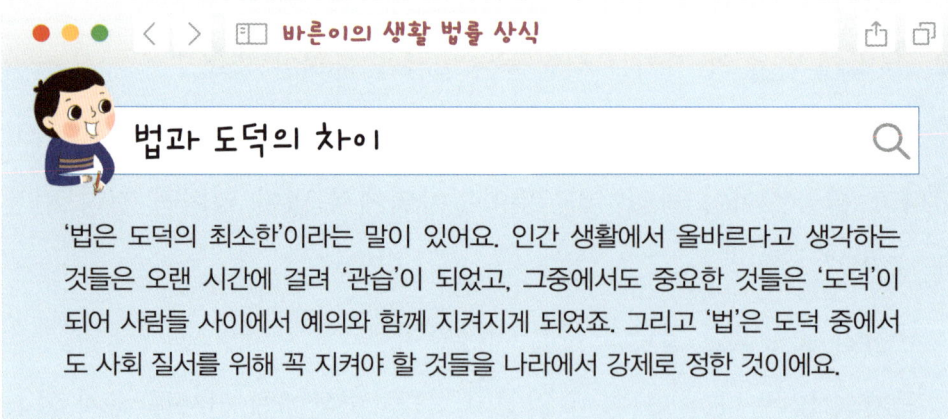

바른이의 생활 법률 상식

법과 도덕의 차이

'법은 도덕의 최소한'이라는 말이 있어요. 인간 생활에서 올바르다고 생각하는 것들은 오랜 시간에 걸쳐 '관습'이 되었고, 그중에서도 중요한 것들은 '도덕'이 되어 사람들 사이에서 예의와 함께 지켜지게 되었죠. 그리고 '법'은 도덕 중에서도 사회 질서를 위해 꼭 지켜야 할 것들을 나라에서 강제로 정한 것이에요.

을 것 같은데…….”

"내가 태어나기도 훨씬 전 일이라 나도 몰라."

세리가 시무룩한 표정을 지으며 잠시 생각에 잠겨 있다가 다짜고짜 나를 잡아끌었지.

"옛날 일을 잘 알 만한 사람이 생각났어."

 ## 오두막집 할머니

세리가 나를 데리고 간 곳은 허름한 오두막이었어.

"여기는 또 어디야?"

"나를 키워 준 보모가 살고 있는 집이야. 어마마마의 보모였기도 하니까 아주 나이가 많으시지."

세리가 이렇게 말하며 오두막 문을 열어젖혔어. 오두막 안에는 머리가 하얗게 센 할머니가 부뚜막에서 뭔가를 만들고 있었지.

"할멈!"

세리가 할머니에게 달려가자 할머니가 환하게 웃으며 팔을 벌렸어.

"공주님께서 이 누추한 곳에는 웬일로 오셨어요?"

할머니가 깜짝 놀라는 표정을 지었어.

세리가 나를 소개하며 데리고 온 이유에 대해 설명해 주었어.

나는 할머니에게 궁금했던 점을 물었지.

"뚜아뚜아별에는 원래 법이 없었나요?"

"그게…….'

뭐든 툭 터놓고 얘기를 해 주면 될 텐데, 할머니는 무표정한 얼굴로 나를 한참 동안이나 쳐다보며 뜸을 들였지.

"할멈, 괜찮아! 아는 대로 모두 얘기해 줘."

세리의 말에 할머니가 드디어 입을 열었어.

"음, 어디서부터 얘기를 시작해야 할까? 그러니까 내가 아마 대여섯 살 되던 해였지."

할머니가 이야기를 시작했어.

"그 시절은 모두가 못살던 시대였단다. 얼마나 먹을 게 없던지 하루에 한 끼 챙겨 먹기도 힘든 시절이었지. 하지만 아무리 배가 고파도 남의 집 담을 넘거나 남의 물건을 훔치는 사람은 없었어. 남의 물건을 훔치면 그 집의 노예가 되어야 했거든."

할머니의 이야기를 들으며 뚜아뚜아 별나라의 법이 고조선의 8조법과 비슷하다는 생각이 들었어.

"정말 강력한 법이 있었군요. 그런데 왜 지금은 법이 없나요?"

"모리배가 나타나면서였단다. 모리배가 사람들에게 그랬거든. 배가 고파 죽는 것보다는 빵을 훔쳐 먹고 노예가 되더라도 사는 게 낫다고 말

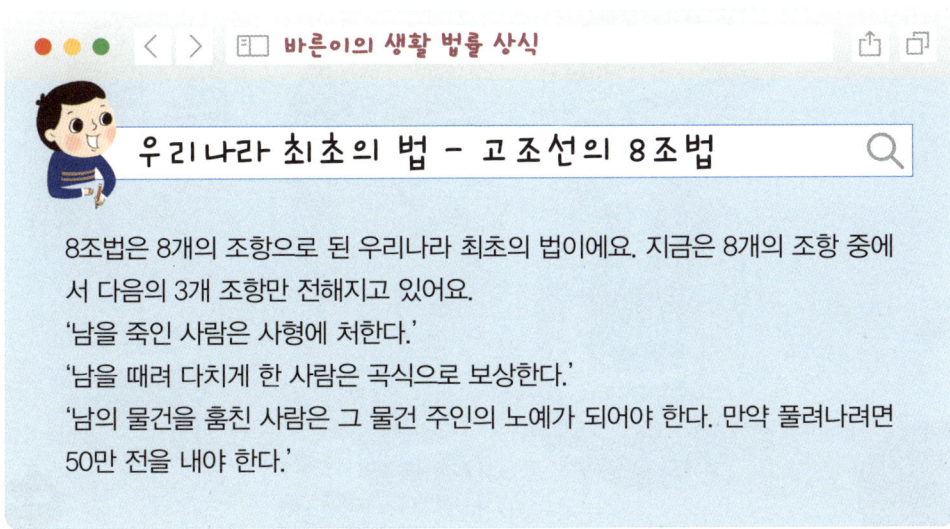

바른이의 생활 법률 상식

우리나라 최초의 법 - 고조선의 8조법

8조법은 8개의 조항으로 된 우리나라 최초의 법이에요. 지금은 8개의 조항 중에서 다음의 3개 조항만 전해지고 있어요.
'남을 죽인 사람은 사형에 처한다.'
'남을 때려 다치게 한 사람은 곡식으로 보상한다.'
'남의 물건을 훔친 사람은 그 물건 주인의 노예가 되어야 한다. 만약 풀려나려면 50만 전을 내야 한다.'

이야."

"사람들이 모리배의 말을 따랐나요?"

"처음에는 따르지 않았지. 하지만 모리배가 사람들에게 먹을 것을 나눠 주자 금세 모리배 주변으로 모여들었어. 그 뒤 모리배를 따르는 사람들이 매일 수백 명씩 늘어났고, 모리배는 일당들과 몰려다니며 나쁜 짓을 했어. 처음에는 단속을 하던 경찰들도 자신들의 자유를 빼앗는다고 항의하는 사람들이 많아지면서 무릎을 꿇고 말았지. 그 뒤 사람들은 더 대담하게 법을 지키지 않았고, 지금의 무법천지가 되었단다."

할머니의 말에 세리의 눈이 휘둥그레졌어요.

"그런데 공주님은 왜 법을 다시 세우려는 거예요?"

할머니가 세리에게 물었어.

"성안에만 살 때는 잘 몰랐는데 성 밖으로 나오고 나서 많은 걸 깨달았어. 뚜아뚜아별은 규칙이 없으니까, 힘이 센 사람이 힘없는 사람을 마구 때리고 물건을 빼앗아 가도 하소연할 곳이 없어서 사람들이 너무 힘들어 하더라고. 그래서 결심했지. 국민들이 안전하고 행복하게 살 수 있도록 나라에 규칙을 바로 세우자고 말이야. 나라에서 세워 놓은 규칙이 바로 '법'이래. 할멈도 잘 알지? 법이 없는 세상이 어떤 건지."

세리의 말에 할머니가 고개를 끄덕였어.

"알다마다요. 법이 없으면 세상이 무질서해지고 거리에는 강도와 도둑이 넘쳐 나지요. 힘세고 강한 사람이 세상을 지배하기 때문에 힘없는 사람은 억울한 일을 당해도 하소연할 데가 없지요."

"맞았어! 그래서 나는 그런 문제들을 해결하기 위해 법을 다시 세우려고 해. 법은 국민의 자유와 권리를 보호해 주기 때문에 모든 인간이 평화롭고 행복하게 살기 위해 꼭 필요한 것이거든."

"공주님 생각대로 되기만 하면 좋겠지만 모리배 일당이 가만 있지 않을 텐데 걱정이네요."

"할멈! 그래서 내가 든든한 지원군을 데려왔어. 얘가 바로 지구의 법

지킴이 한바른이야. 바른이는 법에 관해 아주 잘 알기 때문에 우리 별나라의 법을 바로 세우는 데 많은 도움이 될 거야."

"네. 제가 힘 닿는 데까지 도울게요."

세리의 말을 들을수록 나는 뚜아뚜아 별나라가 법치 국가가 되도록 도와야겠다고 생각했지. 법치 국가가 뭐냐고? 법치 국가란 법치주의에 의한 국가, 다시 말해 국민의 뜻에 따라 만든 법률에 의하여 다스려지는 나라를 말해.

그때 갑자기 할머니가 부드러운 눈빛으로 나를 바라보았어.

"바른 군을 도와줄 사람이 딱 떠오르네. 바로 랜슬럿! 그러면 뚜아뚜아 별나라를 다시 법이 다스리는 나라로 바꿀 수 있을 거야. 그런데 랜슬럿은 모리배에 의해 아무나 갈 수 없는 깊은 지하 감옥에 갇혀 있는데, 바른 군이 한번 만나 보겠니?"

말투는 부드러웠지만 나를 못 믿겠다는 표정이었어. 지하 감옥이라고 하니, 왠지 무시무시한 느낌이 들었지. 하지만 이대로 물러서고 싶지는 않았어.

"만나 볼게요."

"바른 군은 정말 용감하군. 랜슬럿을 만나거든 이 반지와 칼을 전해 주렴."

"이 부러진 칼은 왜요?"

"랜슬럿이 항상 몸에 차고 다니던 칼이야. 지금은 쓸모가 없어진 칼이지만 랜슬럿에게 필요할지도 모르겠다는 생각이 드네."

"잘 가지고 갔다가 전해 줄게요."

할머니는 반지와 부러진 칼자루를 내 손에 쥐어 주었어. 나와 세리는 당장 랜슬럿이 갇혀 있다는 지하 감옥을 향해 떠났어.

과연 우리는 랜슬럿을 무사히 만날 수 있을까?

정의의 여신이 들고 있는 것의 의미는 무엇일까?

대법원 입구에는 커다란 동상이 세워져 있어요. 바로 정의의 여신상이에요. 정의의 여신은 그리스 신화에 등장하는 아스트라이아예요. 아스트라이아는 오른손에는 선과 악을 가리는 '정의의 저울'을, 왼손에는 칼이나 법전을 들고 있어요. 아스트라이아는 인간 세상에서 재판관 노릇을 했다고 해요. 재판을 할 때는 늘 눈을 감고 있거나 헝겊으로 눈을 가리고 심판했지요. 이렇게 눈을 가린 이유는 바로 눈에 보이는 편견을 막기 위해서예요. 편견은 공정하지 못하고 한쪽으로 치우친 생각을 말해요. 누가 잘못했는지 잘 알아보기도 전에 눈에 보이는 겉모습을 가지고 사람을 판단하는 선입견을 갖지 않기 위해서였지요.

저울은 옳고 그름을 재는 데 사용되었는데, 싸움이 붙은 두 사람을 저울에 올려놓고 죄의 무게를 재었다고 해요. 이때 죄를 지은 사람이 탄 접시는 아래로 내려가고, 죄를 짓지 않은 사람이 탄 접시는 위로 올라갔다고 해요. 그러면 저울이 내려간 쪽 사람에게 벌을 주었어요.

이처럼 저울은 옳고 그름을 판결하는 데 쓰였고, 칼은 나쁜 사람과 옳지 못한 주장을 한 사람을 벌주기 위해 쓰였어요. 다만 우리나라의 대법원에 있는 정의의 여신상은 칼 대신 법전을 들고 있고 눈을 뜨고 있답니다.

대법원 중앙 현관의 정의의 여신상

로마 신화에서 유스티시아로 불리는 정의의 여신

법과 도덕은 어떤 관계일까?

법은 '도덕의 최소한'이라는 말이 있듯이, 법 규범은 도덕의 내용을 바탕으로 하는 경우가 많아요. 예를 들어, "사람을 살해한 자는 사형, 무기 징역, 또는 5년 이상의 징역에 처한다."라는 법은 "살인하지 말라."라는 도덕에 바탕을 둔 것이에요. 반면에 도덕과 관련 없이 사회생활의 편의를 위해 제정된 법도 있고, 법으로 강제되지 않는 도덕도 있어요.

도덕
법과 관계없는 순수한 도덕
- 부모님께 효도해야 한다.
- 어려운 이웃은 도와주어야 한다.
- 남의 것을 훔치지 않는다.

법
도덕과 관계없이 공동 생활의 편의를 위해 제정한 법
- 무단 횡단을 하면 안 된다.
- 혼인 신고를 한 사람만 부부로 인정한다.

도덕의 내용을 바탕으로 만들어진 법
- 남의 물건을 훔치면 벌을 받는다.
- 사람을 다치게 하거나 살해하면 벌을 받는다.

도덕은 선(善)의 실현을 목적으로 하고, 사람들이 자신의 양심에 따라 스스로가 판단하여 지킬 것을 강조해요. 자율적이고 비강제적이지만 꼭 지켜야 할 것 같은 의무감을 느끼게 하지요. 지키지 않으면 양심의 가책이나 주변 사람들에게 옳지 못하다고 비난을 받기도 해요.

법은 정의(正義) 실현을 목적으로 하고, 모든 국민이 꼭 지켜야 할 내용을 국가 권력에 의해 강제적으로 지키게 하는 거예요. 타율적이고 강제적이며, 보다 안정적이고 행복하게 살 권리를 보장 받기 원한다면 의무적으로 지켜야 하는 규범이지요. 그래서 겉으로 드러난 행위의 결과를 중요시하므로, 규범을 어기면 처벌을 받게 돼요.

법은 왜 지켜야 할까?

법이란 나라에서 정해 놓은 규칙으로, 국민의 재산을 보호하고 사회 질서를 위해 꼭 필요한 것이에요. 그런데 만약 이 세상에 법이 없다면 어떻게 될까요?

동화 『이상한 나라의 앨리스』에 보면, 토끼를 따라 굴속으로 뛰어든 앨리스가 이상한 나라에 도착해서 크로케 경기를 하는 장면이 있어요. 크로케 경기란 나무로 만든 공을 나무 망치로 때려 문을 통과시킨 뒤 반환점을 되돌아오는 속도를 겨루는 게임인데, 이상한 나라에는 경기 규칙이 없었어요. 그저 여왕 마음대로 경기를 진행할 뿐이었지요.

여왕이 치는 크로케 게임에서 공은 고슴도치이고, 방망이는 홍학이었어요. 경기를 하는 선수들은 먼저 공을 치겠다고 다투었고, 여왕은 자기 맘에 안 들면 무조건 '저놈의 목을 쳐라!' 하고 소리쳤지요. 만약 법이 없는 세상이 있다면 이상한 나라처럼 모든 것이 제멋대로이고 힘센 사람이 대장인 세상이 될 거예요.

또 다른 예로, 우리나라에 도로 교통법이 없다면 어떻게 될지 생각해 보아요. 원래 빨간불에서는 길을 건너면 안 되지만, 법이 없다면 차들

이 다니든 말든 길을 건너려고 할 거예요. 그러다 보면 차와 사람이 뒤엉켜 사고도 많이 나고 여러 가지로 곤란한 일이 수없이 벌어지게 되겠지요. 생각만 해도 끔찍한 일이에요.

사람은 누구나 자유롭게 살고 싶어 해요. 하지만 이 세상은 나 혼자만 사는 곳이 아니에요. 우리는 많은 사람들과 어울려서 살고 있고, 나를 비롯한 다른 사람들 모두 서로 다른 생각을 갖고 살아가기 때문에 다툼이 생길 수밖에 없어요. 물론 소설 주인공 '로빈슨 크루소'처럼 무인도에 나 혼자 산다면 법이 없어도 될 거예요. 하지만 다른 사람과 함께 살아가야 할 세상에서는 반드시 법이 있어야 하고 누구나 법을 지켜야 해요. 만약 법이 없다면 힘센 사람이 힘없는 사람의 물건을 자기 마음대로 빼앗거나 때려도 어디 하소연할 데가 없을 거예요.

법은 우리 모두가 행복하게 살기 위해서 이 세상의 정의를 위해서 반드시 필요해요. 그래서 강제력을 가지고 있지요. 법을 지키지 않았을 때는 누구나 잘못에 대한 처벌을 받아야 해요.

그렇다면 법을 어겼을 때 모두 똑같은 처벌을 받을까요? 남의 물건을 도둑질한 사람과 남의 목숨을 해친 사람의 벌이 같다면 사람들은 법을 무시하고 지키지 않을 거예요. 그래서 법을 지키지 않았을 때는 그 죄에 상응하는 벌을 받아야 해요. 적절한 처벌이 없다면 법이 있어도 지킬 이유가 전혀 없겠지요. 큰 죄나 작은 죄나 처벌이 똑같으면 더 끔찍한 범죄를 저지를 수도 있고요. 그러므로 우리는 우리의 자유와 권리를 보장 받으면서 사회 질서를 유지하며 편하고 안전하게 살기 위해서라도 꼭 법을 지켜야 한답니다.

법을 지키지 않았는데 그냥 넘어간 적은 없었나요? 또 뉴스에서 범죄를 저지르고도 무죄를 선고 받거나 약한 처벌을 받는 것에 대해서 어떤 생각이 들었나요? 친구들과 이 문제에 대해서 함께 이야기해 보아요.

법을 위반한 아이를 찾아라!

법은 강제력이 있기 때문에 나쁜 짓을 한 사람은 잘못의 대가를 치러야 해요. 다음 세 아이의 말을 들은 뒤 법을 어긴 아이가 누군지 찾아보고 그 이유를 설명해 보아요.

나는 서현이야. 아침에 학교 가는 길에 옆집 사는 할머니를 만났는데 인사를 하지 않았어.

난 대한이야. 서점에서 평소 보고 싶던 만화책이 있는데 돈이 모자라서 그냥 갖고 나왔어.

난 철수야. 가게에서 사탕을 사고 길거리에 쓰레기를 그냥 버렸어.

정답: 대한이와 철수는 법을 어기지 않은 것이고, 대한이(절도죄)와 철수(경범죄)는 법을 어긴 것이에요.

2장
국민의 권리와 의무

🛵 세상 끝에 있는 지하 감옥

시내를 벗어나자 덜컹거리는 비포장도로가 나타났어. 우리가 탄 자동차가 지나갈 때마다 먼지가 풀풀 났어. 그렇게 얼마나 갔을까? 갑자기 더운 열기가 우리를 덮쳤어.

"왜 이렇게 덥고 습하지?"

"밀림이 가까워져서 그래."

세리가 담담하게 말했지.

얼마 지나지 않아 밀림이 나타났어. 우리는 입구에서 작은 배로 갈아 탔어.

"조심해! 여긴 악어가 살거든. 사람 냄새를 맡는 순간 그대로 물속으

로 끌려 들어갈 수도 있어."

악어라는 말에 갑자기 엄청나게 무서워졌지.

어떻게 늪지대를 지났는지 하나도 기억나지 않을 정도로 겁을 먹었던 것 같아. 그렇게 밀림을 벗어나자 눈앞에 아름다운 풍경이 펼쳐졌어. 수십 미터 절벽 아래로 푸른 물줄기가 떨어지며 하얗게 부서지고 있었어.

앗, 그런데 우리가 잠시 한눈판 사이에 배가 절벽 쪽으로 빠르게 휩쓸려 내려가지 뭐야?

"으악, 살려 주세요!"

나와 세리는 갑작스런 상황에 고래고래 소리를 질렀지. 그러자 작은 보트가 우리 앞에 나타나서 재빨리 나와 세리를 구해 주었지.

"어린애들이 여기까지 어쩐 일이지?"

보안관 옷을 입은 남자가 우리에게 물었어.

"세상의 끝에 있다는 지하 감옥을 찾아가는 길이에요."

"그렇다면 잘 찾아왔구나! 여기가 세상의 끝이고 저기 폭포 절벽 아래에 지하 감옥이 있단다."

보안관 옷을 입은 남자가 대답했어.

"저기까지 어떻게 갈 수 있어요?"

"오토바이를 타렴!"

보안관 아저씨가 가리키는 곳에는 양쪽으로 승객 좌석이 달린 오토바이가 몇 대 놓여 있었어. 그 옆에 운전기사들이 대여섯 명 있었지. 우리를 제일 먼저 본 운전기사가 미소를 지으며 다가왔어.

"지하 감옥에 가니?"

"네. 요금이 얼마예요?"

세리의 질문에 기사가 오토바이 앞에 붙어 있는 가격표를 가리켰어. 세리는 뚜아뚜아별 화폐로 요금을 계산했지.

우리는 오토바이를 타고 순식간에 폭포 절벽 아래로 내려왔어. 절벽 귀퉁이에 어두컴컴한 통로가 보였어.

"이제 저길 지나가야 해. 여긴 우리처럼 허가받은 사람만 드나들 수 있지."

운전기사가 잘난 체를 하며 통로 앞에서 오토바이를 멈췄어. 그러자 경찰봉을 든 남자가 통과시켜 주었지.

곧 철문이 열리고 우리는 오토바이를 탄 채 통로로 들어갔어. 잠시 후, 갑자기 끝없이 펼쳐진 사막이 나왔어.

"헐! 여긴 사막인데? 지하 감옥이 도대체 어디에 있는 건가요?"

세리가 휘둥그레진 눈으로 물었어.

"사막 어딘가에 있겠지."

"네?"

"하하하! 녀석들, 걱정 마라. 요금을 받았으니 너희를 안전하게 지하 감옥까지 데려다주마. 자, 그럼 고객님이 찾는 죄수는 어디에 있는지 한번 볼까?"

운전기사는 수첩 같은 것을 꺼내 들었어. 얼핏 보니 이름과 숫자 같은 것이 빽빽하게 적혀 있었어.

"그게 뭐예요?"

"죄수 명단이란다. 너희들이 찾는 죄수 이름이 뭐지?"

"랜슬럿이요!"

순간, 기사의 얼굴빛이 새하얗게 변했지.

"랜슬럿? 거긴 데려다줄 수 없어!"

"왜 데려다줄 수 없는데요?"

"그야 내 맘이지!"

"말도 안 돼요. 좀 전까지 분명히 데려다준다고 말했잖아요."

"지금은 마음이 변했어."

기사의 말에 나는 기가 막혀 바로 따졌지.

"갑자기 그러는 법이 어딨어요? 우리는 정당하게 요금을 지불했잖아요. 그러므로 아저씨는 우리를 목적지까지 안전하게 데려다줄 의무가 있고 우리는 목적지까지 갈 권리가 있어요. 의무를 소홀히 했을 때는 법적인 책임을 져야 한다는 것은 알고 있죠?"

"뭐? 법? 권리와 의무? 하하하! 법은 없어진 지 오래되었거든!"

기사의 말에 퍼뜩 내가 뚜아뚜아별에 와 있다는 사실을 깨달았어. 그때 세리가 입을 열었어.

"혹시 모리배 때문인가요? 아저씨가 우리를 랜슬럿에게 데려다준 것을 모리배가 알까 봐 그러세요?"

"맞아!"

기사가 머리를 긁적이며 난처한 표정을 지어 보였어.

"모리배는 절대 알 수 없어요. 지금 모리배는 우주여행 중이에요. 아마도 2년은 있어야 돌아올 수 있을걸요?"

세리의 말에 기사의 눈이 동그랗게 변했어.

"정말이야? 확인해 보고 얘기하자."

기사는 잠시 누군가와 통화를 하는 것 같았어. 그리고 다시 우리에게 다가왔지.

"목적지까지 데려다주마. 대신 내가 랜슬럿에게 너희를 데려다줬다는 건 비밀로 해 줘!"

"알았어요. 걱정 마세요."

우리가 탄 오토바이는 곧 랜슬럿이 갇힌 오두막에 도착했어.

"나는 1시간 있다가 올게. 천천히 이야기 나누고 있어."

운전기사는 이렇게 말하며 어디론가 가 버렸지.

우리는 면회 신청을 해 두고 랜슬럿을 기다렸어. 랜슬럿을 기다리는 동안 세리가 내게 물었지.

"바른아, 권리와 의무가 뭔지 설명해 줄 수 있어? 우리 별 사람들에게 권리와 의무가 꼭 필요한 것 같아."

"권리는 어떤 이익을 누릴 수 있도록 법이 인정하는 힘이고, 의무는

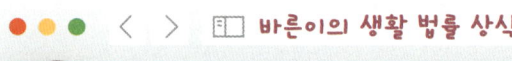 바른이의 생활 법률 상식

 대한민국 국민은 어떤 의무를 가질까?

우리나라 국민이라면 납세의 의무, 국방의 의무, 교육의 의무, 근로의 의무가 있어요. 의무라고 하면 하기 싫은 일을 억지로 수행해야 될 것 같은 느낌이지만, 국민의 의무는 국민이 한 나라의 영토 안에서 보다 행복하고 안전한 생활을 영위하기 위해서 사회적 약속의 의미로 수행하는 것이랍니다. 최근에는 환경 문제가 크게 대두된 만큼 환경 보전의 의무도 강조되고 있답니다.

납세의 의무	국방의 의무	교육의 의무	근로의 의무
버는 만큼 세금을 내요.	나라의 안전을 지켜요.	학교는 꼭 다녀야 해요.	누구나 일을 해야 해요.

법이 우리에게 어떤 행위를 하라고 하거나 하지 말라고 하는 것이야. 한마디로 말하자면, 권리는 누려야 할 것이고 의무는 지켜야 할 것이지. 우리는 많은 권리를 누리고 있는데 동시에 많은 의무도 지고 있어."

"좀 더 쉽게 설명해 줄 수 있어?"

"만약 내가 너에게 돈을 빌려주었다고 하면, 나는 너에게 돈을 받을 권리가 있고, 너는 내게 빌린 돈을 갚을 의무가 있어."

"아하! 이제 알겠어!"

세리가 고개를 끄덕였어.

 전설의 기사 랜슬럿

세리와 이런저런 이야기를 하고 있을 때였어. 창살 너머로 시꺼먼 그림자가 보였어.

"나를 찾아왔다고?"

걸걸한 목소리와 함께 랜슬럿이 보였어.

전설의 기사라고 해서 멋진 기사일 거라 기대했는데 수염이 덥수룩한 노인이었어.

세리가 랜슬럿에게 우리가 찾아온 이유를 설명했어. 이야기를 다 들은 랜슬럿이 나를 찬찬히 쳐다보았어.

"네가 지구에서 온 꼬마구나? 너에게 우리 별나라를 예전으로 돌릴 힘이 있으면 좋겠구나."

"아저씨는 용감한 기사라면서요. 아저씨도 이 문제를 해결하기 위해 힘을 보태 주시면 안 되나요?"

"나는 보다시피 감옥에 갇혀 지낸 지 오래되어 몸이 예전 같지 않단다. 그리고 무엇보다 내가 이곳을 빠져나간다 해도 아무것도 할 수가 없어. 나는 이미 기사의 힘을 모두 잃고 평범한 노인이 되었거든. 그래서 모리배도 나를 더 이상 신경 쓰지 않는단다."

랜슬럿의 말에 의하면, 랜슬럿은 열다섯 살 무렵에 나라를 위해 일하고 싶다는 기도를 신전에 올린 뒤 정의의 칼을 얻었대. 그 뒤 랜슬럿은 뚜아뚜아별의 왕이 나라를 정의롭게 다스릴 수 있게 도왔지. 정의의 칼은 법을 지키지 않은 사람을 벌주기 위해 쓰였어. 하지만 못된 마법사 모리배가 나타난 뒤 나라가 다시 혼란스러워졌대. 랜슬럿은 모리배와 결투를 벌였고, 괴물로 변한 모리배의 사악한 마법에 의해 정의의 칼이 부러져 버렸다고 해.

"혹시 이 칼이 정의의 칼인가요?"

나는 할머니가 주신 칼을 랜슬럿에게 내밀었어.

"맞구나! 그런데 이걸 어디서 구한 거냐?"

랜슬럿이 깜짝 놀라는 표정을 지었어.

"세리의 보모가 간직하고 있었대요."

"그렇구나! 이 칼이 부러지지만 않았어도……."

랜슬럿이 부러진 칼자루를 어루만지며 침울한 표정을 지었어.

"아저씨, 그럼 정의의 칼이 부러진 뒤 법이 사라진 건가요?"

"법이 사라진 건 뚜아뚜아별의 헌법 책이 봉인되었기 때문이야."

"헌법 책이 봉인되었다고요?"

"우리 뚜아뚜아별에는 아주 강력한 힘을 가진 헌법이 있었단다. 헌법에 국민이 인간답게 살기 위해서 꼭 누려야 할 기본적인 권리를 정해 두었지. 모리배는 헌법을 없애 버리고 우리 별을 자기 맘대로 하려고 했지만, 그 헌법은 아무리 사악한 힘을 가진 모리배라도 없앨 수가 없었어. 그래서 모리배는 헌법을 어딘가에 봉인시켜 버렸지. 그 뒤 뚜아뚜아별에서 법이 사라졌지만 헌법만 찾으면 법을 부활시킬 수 있단다."

"헌법 책을 어디에 봉인시킨 건가요?"

"그걸 아는 사람은 아무도 없어! 소문에 의하면 헌법 책을 봉인시킨 모리배는 비밀이 새어 나갈까 봐 장소를 아는 부하들까지 모두 없애 버렸다고 해."

랜슬럿의 말에 나는 순간 멍해졌어. 자기 부하들의 입을 단속하기 위해 그런 짓까지 벌였을 정도라면 헌법이 있는 곳을 다른 사람은 절대 알 수 없을 것 같았거든.

"그럼 다른 방법이 없나요?"

세리가 포기하지 않고 랜슬럿에게 물었어.

"헌법 책을 찾지 못해도 방법이 있긴 하지요. 공주님은 법이 왜 필요하다고 생각하시나요?"

랜슬럿의 질문에 세리가 입을 열었어.

"법이 필요한 이유는 사람이 혼자서는 살 수 없기 때문이에요. 이 세상은 나 혼자가 아니라 많은 사람들이 함께 살아가고 있어요. 그런데 여러 사람이 함께 생활하다 보면 다른 사람과 의견이 다를 때가 많아요. 이때 모두가 자기 마음대로 행동한다면 다툼과 갈등이 벌어지고 무질서해져요. 이런 문제를 해결하려고 생겨난 것이 법이에요. 법은 사람들이 세상을 살아가면서 지켜야 할 것을 미리 정해 놓은 약속이거든요. 그래서 국민의 자유와 권리를 보장해 주기 위해 법은 꼭 필요해요."

세리의 대답에 랜슬럿이 고개를 끄덕였어.

"제대로 알고 계시군요. 법이 없어서 가장 불편한 건 결국 국민들이에요. 국민들 스스로 법의 필요성을 느끼고 법을 부활시킬 방법을 찾으면 되겠지요."

랜슬럿이 말을 마치자 공주가 고개를 가로저었어.

"하지만 사람들은 이미 무법천지인 세상에 완벽하게 적응해 버렸는

걸요. 법이 없어서 받는 불이익에 분노할 줄을 몰라요. 힘센 사람이 힘없는 사람을 때리거나 물건을 빼앗아 가도 하소연할 생각조차 안 해요. 그저 당연하게 생각하죠. 그래서 보다 못한 제가 다른 별 사람들은 어떻게 사는지 돌아보다가 지구에서 바른이를 만났어요. 바른이는 사람들에게 법이 왜 필요하고 중요한지 한 명 한 명에게 알려 주더라고요. 그래서 바른이라면 우리 별에 법을 부활시킬 수 있을 것 같아 데려왔어요. 하지만 사람들을 하나하나 만나 설득하고 알리는 일은 생각처럼 쉬운 일이 아니에요."

"아마도 뚜아뚜아별 국민들이 모리배의 나쁜 마법에 걸려 제대로 된 판단을 할 수가 없어서 그런 것 같군요. 공주님 말씀대로라면 헌법 책을 찾아 봉인을 해제하는 방법이 최선이겠군요. 하지만 헌법 책이 봉인된 장소는 모리배만 알고 있는데 모리배가 순순히 말해 줄까요?"

랜슬럿이 답답한 듯 눈을 껌벅거렸어.

"헌법 책을 찾을 또 다른 방법은 없나요?"

내가 물었어.

"아마도 없을 것 같구나."

랜슬럿도 헌법 책 찾는 것은 반쯤 포기한 것 같았어. 나도 좋은 생각이 떠오르지 않았지.

"헌법 책에 위치 추적 장치를 해 놨으면 찾는 건 식은 죽 먹기인데."

나도 모르게 중얼거렸어. 그러자 갑자기 세리가 흥분해서 나를 한 번 쳐다보더니 랜슬럿을 바라보았어.

"돌아가신 어마마마에게 들었는데 왕실의 물건에는 무슨 표식이 되어 있어서 어디에 있든지 찾을 수 있다면서요. 헌법 책에도 왕실의 표식이 되어 있었나요?"

세리의 말에 랜슬럿의 눈이 반짝였어.

"맞아요! 우리 헌법에도 왕실의 표식이 있답니다. 저도 젊었을 때 딱 한 번 헌법 책을 봤는데, 헌법 책 표지에 아주 작은 황금 벌레를 조각해 두었어요. 그 안에 위치를 추적할 수 있는 칩이 들어 있다고 들었어요."

숨을 죽인 채 세리와 랜슬럿의 대화를 듣던 나는 헌법을 찾을 수 있겠다는 생각이 들었어.

"세리, 위치 추적기로 헌법이 어디 있는지 알아봐! 내가 찾아올게."

나는 침을 튀기며 자신 있게 소리쳤지.

"하지만 위치 추적 장치도 헌법 책과 함께 사라져서 찾을 수 없어!"

순간 머릿속이 하얘졌어. 내가 과연 무엇을 할 수 있을까?

"한바른! 포기하지 말아 줘! 작은 물방울이 끊임없이 떨어지면 돌을 뚫을 수 있듯이 사람들에게 알리고 설득하면 충분히 가능성이 있다고 생각해. 그러니 공주를 도와 우리 별의 법을 부활시켜 주렴. 그래 줄 수 있지?"

랜슬럿이 이렇게 말하며 내게 악수를 청했어.

"네, 하는 데까지 해 볼게요. 하지만 저도 여기 오래 있을 수는 없어요. 제가 사라진 걸 가족들이 알면 걱정하실 거예요."

"그거라면 걱정하지 마! 뚜아뚜아별의 1년은 네가 사는 지구의 1시간과 같거든."

세리가 끼어들며 설명해 주었어.

"정말이야?"

"응! 아마도 네가 사는 나라는 지금 밤 12시가 겨우 지났을걸."

"와, 다행이다!"

나는 안도의 숨을 쉬었어.

어느새 약속한 1시간이 지나고 오토바이 기사가 우리를 불렀어. 우리는 랜슬럿과 작별 인사를 했어.

"잘 부탁한다!"

랜슬럿이 나를 향해 손을 흔들자 할머니가 준 반지가 떠올랐어.

"아, 잠깐만요!"

나는 오토바이에서 내려 랜슬럿에게 달려가 반지를 건네주었지. 그런데 반지를 본 랜슬럿이 자기 반지가 아니라지 뭐야? 할 수 없이 반지를 다시 내 주머니에 넣고 발길을 돌렸어.

헌법에 정해져 있는 국민의 권리

국민이 누려야 할 기본적인 권리를 '국민의 기본권'이라고 해요. 기본권은 헌법에 의하여 보장되는 국민의 기본적 권리로, 대한민국 헌법 제10조에는 인간의 존엄과 가치 및 행복 추구권을 포괄적 기본권으로 규정하고, 이를 실현할 수 있도록 자유권, 평등권, 사회권, 참정권, 청구권 등을 보장하고 있어요.

자유권
- 신체의 자유 (가장 기본적인 자유권)
- 주거 및 사생활의 자유
- 언론/출판/집회/결사의 자유 등

사회권
- 인간다운 생활을 할 권리
- 교육받을 권리
- 환경권
- 근로의 권리

참정권
- 정치에 참여할 권리 (선거권, 공무 담임권, 국민 투표권)

평등권
- 법 앞의 평등
- 기회의 평등

청구권
- 국가에 대하여 일정한 청구를 할 수 있는 권리(청원권, 국가 배상 청구권 등)

자유권이란 국가의 간섭을 받지 않고 자유롭게 행동하고 생각할 수 있는 권리예요. 종교를 믿을 권리, 자기가 살고 싶은 곳에 살 권리, 말할 권리, 원하는 직업을 가질 권리 등이 있어요.

평등권은 누구든지 성별이나 종교, 직업, 장애 등에 차별받지 않고 평등하다는 권리예요.

사회권은 인간으로서 누려야 할 최소한의 생활을 국가에 요구하고 보장 받을 수 있는 권리예요. 교육을 받을 수 있는 권리, 깨끗한 환경에서 살 권리, 일할 기회를 요구할 권리 등이 있어요.

청구권은 국민이 국가에 대하여 어떤 일을 해 달라고 청구하는 권리예요. 국민의 어려움을 국가 기관에 알려 국민의 뜻을 반영시킬 수 있는 청원권과 재판을 받을 수 있는 권리인 재판 청구권이 있어요.

참정권은 국민의 한 사람으로서 정치에 참여할 수 있는 권리예요. 투표에 참여할 권리, 공무원이 되어 나랏일을 담당할 권리 등이 있어요.

 국민 청원

'국민 청원'도 국민의 권리

청와대 국민 청원은 '국민이 물으면 정부가 답한다'는 국정 철학을 지향·반영하고자 청와대가 도입한 전자 청원 플랫폼이에요. 이 제도는 이미 미국에서도 실시하고 있는데요, 2017년부터 우리나라도 시행하고 있어요. 국민의 목소리를 하나하나 귀담아듣겠다는 점에서 긍정적으로 평가받고 있어요.

청원은 정치 개혁, 외교/통일/국방, 일자리, 미래, 성장 동력, 농산어촌, 보건 복지, 육아/교육, 안전/환경, 저출산/고령화 대책, 행정, 반려동물, 교통/건축/국토, 경제 민주화, 인권/성평등, 문화/예술/체육/언론, 기타 등 17가지 카테고리로 분류되어 있어요. 국민 청원이 등록되고 30일 동안 20만 명의 동의를 받으면 정부 관계자의 공식 답변을 30일 이내에 받을 수 있도록 했지요.

좋은 취지로 시행한 제도지만 비판의 목소리도 있어요. 개개인의 의견에 따라 사회 갈등이 조장될 수 있다는 점, 과도하게 의견이 표출되어 대의 민주제(유권자가 선출한 의원을 통하여 국민이 간접적으로 정치에 참여하는 민주 정치 제도)가 무시된다는 점 등이지요.

악법도 법일까?

그리스 철학자 소크라테스로 인해 유명해진 말이 있어요. 바로 '악법도 법이다.'라는 말이지요.

소크라테스는 기원전 5세기경 활동한 고대 그리스의 철학자예요. 그는 그리스의 젊은이들을 타락시키고 신을 모독했다는 이유로 재판을 받았다고 해요. 소크라테스는 재판에 참가한 배심원의 투표 결과, 유죄가 결정되어 사형을 선고 받게 되었어요. 이에 친구들은 소크라테스에게 탈옥할 것을 권유했지요. 하지만 소크라테스는 '악법도 법이다.'라고 말하며 탈옥을 거절했어요. 소크라테스는 자신의 죄를 끝까지 인정하지 않았고 아테네의 법과 재판이 정당하지 못하다고 생각했지만, 재판 결과를 받아들이고 독배를 마셨다고 해요.

물론 소크라테스가 '악법도 법이다.'라는 말을 정말 했는지는 분명하지 않아요. 하지만 이 말이 중요한 의미를 갖는 건 비록 잘못되었더라도 법은 반드시 지켜야 한다는 것을 보여 주기 때문이에요.

법은 강제력을 가지고 있는 아주 강력한 규칙이에요. 우리 사회에서 규칙이나 도덕으로 해결할 수 없는 많은 문제를 해결하기 위해 법이 생겼지요. 그런데 이 법이 모두에게 완벽한 규칙은 아니에요.

예를 들어 볼게요. 세계 최초의 법인 함무라비 법에 보면, '눈에는 눈, 이에는 이'라는 내용이 있어요. 말 그대로 남의 눈을 다치게 한 사람은 똑같이 눈을 다치게 하고, 이를 다치게 한 사람은 똑같이 이를 다치게 한다는 뜻이지요.

만약 실수로 남의 눈을 다치게 했는데 똑같이 내 눈을 다치게 하는 벌을 내리면 어떻게 될까요? 여러분은 이게 합당하다고 생각하나요? 그렇다고 개인의 사정을 이

프랑스 화가 자크 루이 다비드가 그린 〈소크라테스의 죽음〉

것저것 고려해서 용서해 준다면 법을 악용하는 사람이 생길 수 있어요. 그러므로 법이 마음에 들지 않는다고 지키지 않으면 안 돼요. 소크라테스가 무죄를 주장하면서도 법을 지킨 건 바로 이런 이유 때문이에요. 소수에게는 악법이라고 해도 법으로 정해진 이상 누구나 법을 반드시 지켜야 해요.

민주주의 사회에서는 다수의 결정에 따라서 의사를 통일해요. 다수의 의사가 항상 옳다고는 할 수는 없지만 다수의 의사를 따르는 것이 가장 현실적이고 합리적이지요. 그러므로 다수를 위한 법이라면 국민 모두가 지켜야 할 법이라고 보는 거예요.

우리나라 법 중에 고쳤으면 좋겠다고 생각하는 법이 있나요? 친구들과 함께 이야기를 나눠 보세요.

사다리 타기

아래 그림과 설명을 읽고 사람들이 어떤 의무를 다하고 있는지 사다리를 타고 내려가서 찾아보세요.

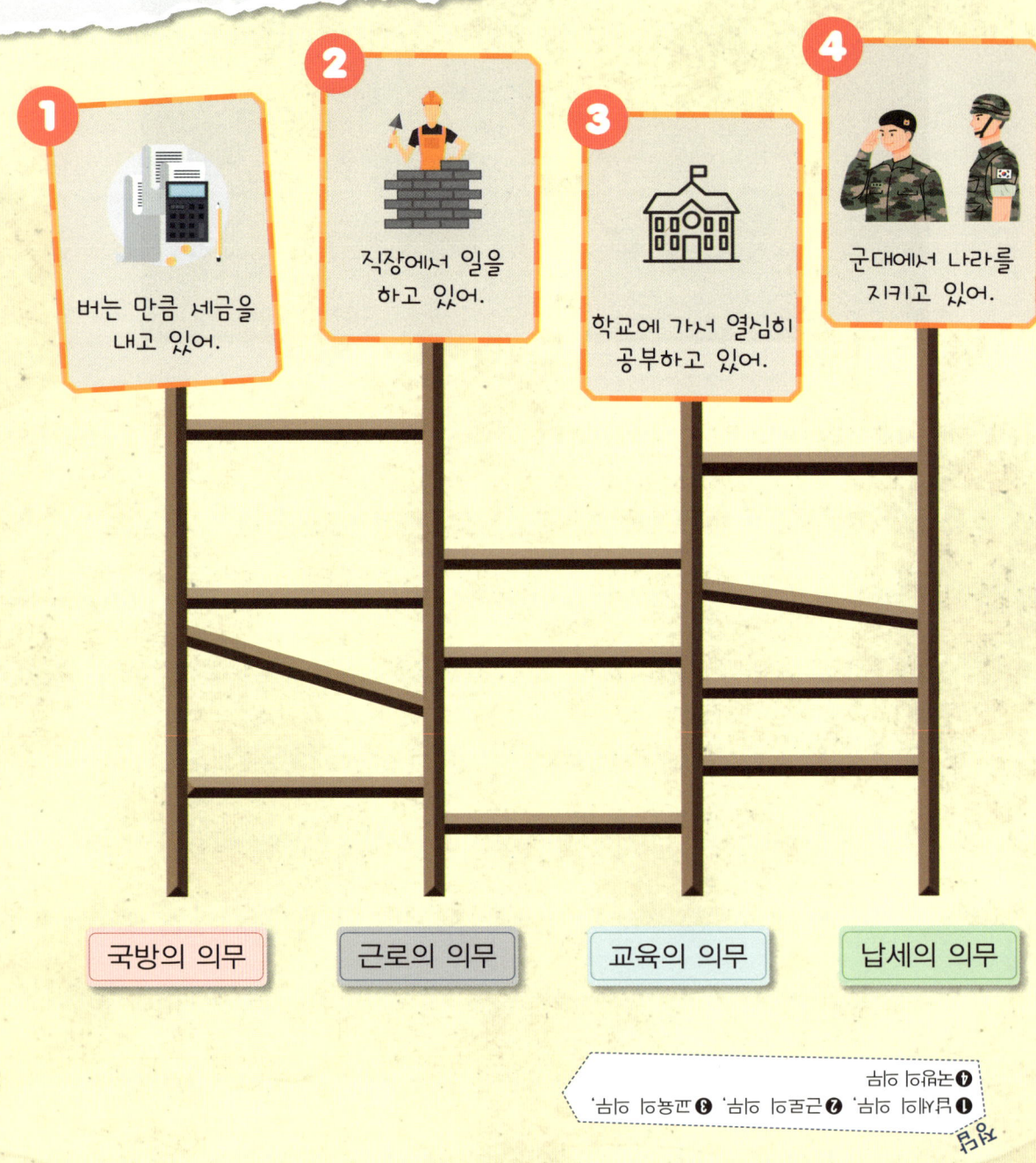

1. 버는 만큼 세금을 내고 있어.
2. 직장에서 일을 하고 있어.
3. 학교에 가서 열심히 공부하고 있어.
4. 군대에서 나라를 지키고 있어.

국방의 의무 | 근로의 의무 | 교육의 의무 | 납세의 의무

정답: ① 납세의 의무, ② 근로의 의무, ③ 교육의 의무, ④ 국방의 의무

3장

법은 누가 만들까?

광장에서 희망을 발견하다

세리와 나는 왕궁으로 돌아왔어. 한동안 세리는 자기 방에 틀어박혀 꼼짝도 하지 않았어.

반나절이 지났을 무렵, 세리가 비서와 함께 나를 찾아왔어.

"바른아, 왕 맘대로 법을 만들 수 있어?"

세리가 뜬금없이 이렇게 물었어.

"그건 갑자기 왜 물어보는 건데?"

"사실 나는 뚜아뚜아 별나라의 유일한 왕족이야. 열다섯 살이 되면 왕이 될 수 있대. 내가 왕이 되면 법을 맘대로 만들어도 되는지 궁금해서 말이야."

"옛날에는 왕이 자기 맘대로 법을 만들었다고 들었어. 하지만 법은 국민이 만드는 거야. 국민이 나라의 주인이니까."

"국민들이 모두 모여 법을 만들어야 한다는 거야?"

"아니! 그 많은 국민들이 모두 모여서 어떻게 법을 만들겠어? 우리나라는 국민이 뽑은 대표인 국회 의원이 국민을 대신해 법을 만들어."

"그럼 우리 별나라에서도 국민의 대표를 뽑아 법을 만들면 되겠군."

"그런데 먼저 사람들에게 법이 왜 필요한지 알려야 하지 않을까? 그래야 법을 새로 만들자는 공감대가 형성될 거 같아."

"그거 좋은 생각인걸! 어떤 방법으로 알리지?"

"짧은 시간에 많은 사람들에게 알릴 수 있는 방법이 있잖아! 인터넷! 법이 있으면 국민들이 마음 놓고 행복하게 살 수 있다는 것을 알리는 거야. 억울한 사람들은 법의 보호를 받을 수 있으니까 좋아할 것 같고, 나쁜 짓을 한 사람들은 처벌받을 수 있으니까 법의 처벌이 무서워서라도 법을 잘 지키려고 하지 않을까?"

"그래! 그러면 되겠다!"

우리는 당장 법이 없어서 불편한 사례들을 인터넷에 하나씩 올렸어. 법이 왜 필요하고 어떻게 국민들을 보호하는지 알기 쉽게 그림으로 그려서 알렸지. 반응은 뜨거웠어. 특히 나쁜 악당들에게 이런저런 피해를 당한 사람들이 하나둘 우리에게 응원의 메시지를 보내기 시작했어.

"바른아, 이것 봐! 사람들 반응이 뜨거워! 그동안 아무도 공식적으로 반발을 하지 않아서 잘 몰랐는데, 많은 사람들이 나와 같은 생각을 하고

있었어."

세리가 감격스런 표정을 지었어.

우리는 매일 사람들에게 법이 왜 필요한지 법의 중요성에 대해 알리기 시작했어. 그리고 몇 달 후, 우리와 뜻을 같이하는 사람들과 광장에서 모이기로 했지.

나와 세리는 뚜아뚜아 별나라의 신탁이 있는 광장으로 나갔어.

광장에 도착한 우리는 입이 떡 벌어질 정도로 놀랐어. 약속한 시간이 1시간도 더 남았는데, 벌써 수만 명의 사람들이 모여 있었어. 세리와 나를 본 사람들이 환호성을 질러 댔지.

"우와, 이렇게 많은 사람들이 모일 줄은 몰랐어. 이제 곧 우리나라에 새 법이 생기는 거지?"

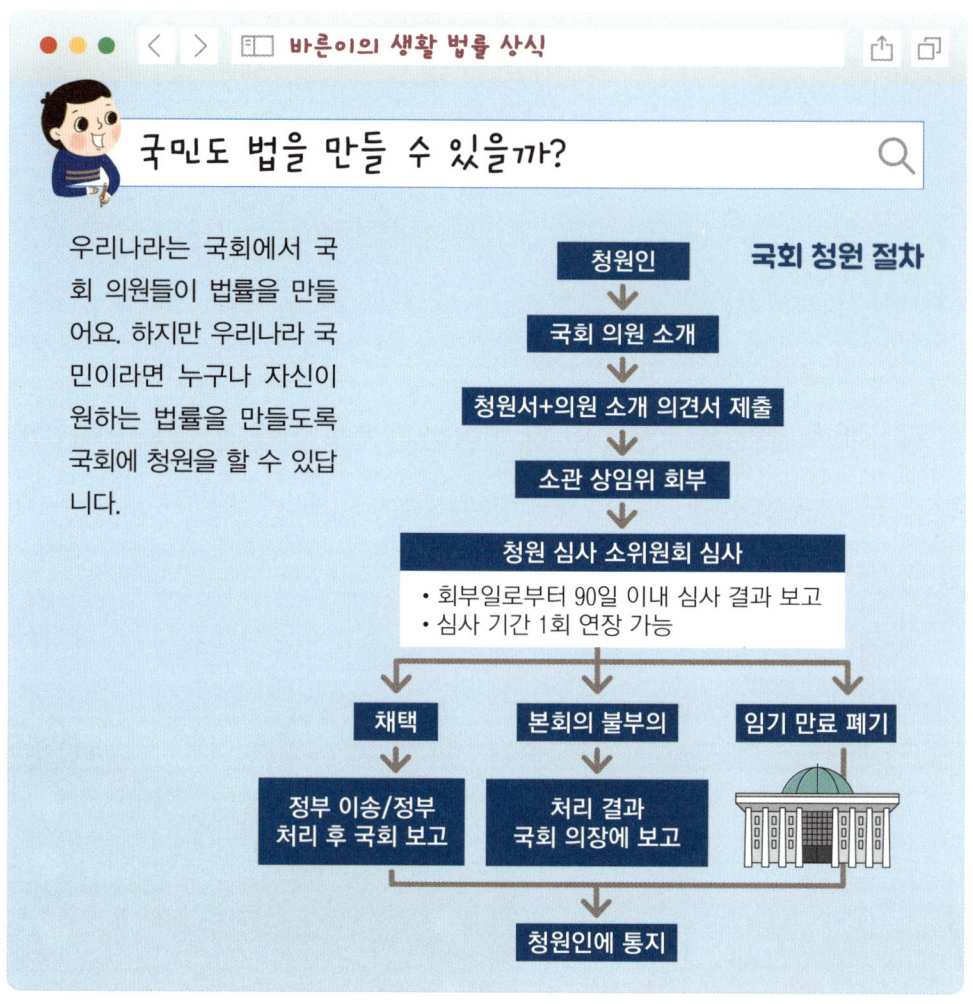

국민도 법을 만들 수 있을까?

우리나라는 국회에서 국회 의원들이 법률을 만들어요. 하지만 우리나라 국민이라면 누구나 자신이 원하는 법률을 만들도록 국회에 청원을 할 수 있답니다.

국회 청원 절차

청원인 → 국회 의원 소개 → 청원서+의원 소개 의견서 제출 → 소관 상임위 회부 → 청원 심사 소위원회 심사
- 회부일로부터 90일 이내 심사 결과 보고
- 심사 기간 1회 연장 가능

→ 채택 / 본회의 불부의 / 임기 만료 폐기
- 채택 → 정부 이송/정부 처리 후 국회 보고
- 본회의 불부의 → 처리 결과 국회 의장에 보고
→ 청원인에 통지

세리가 좋아서 펄쩍펄쩍 뛰었어.

"응! 하지만 시간이 좀 걸리겠지. 법은 하룻밤 새에 뚝딱하고 만들어지는 게 아니야. 먼저 국민의 대표를 뽑아야 하고, 그 대표가 새로운 법

에 대한 의견을 내면 국회에서 심사를 한 뒤 통과시켜야 새 법이 만들어지는 거야. 그걸로 끝이 아냐. 국민들이 잘 지킬 수 있게 새로운 법을 국민에게 알려야 해."

내가 우리나라에서 법을 어떻게 만드는지 설명하고 있을 때였어.

우르르, 쿵쾅! 하는 소리와 함께 광장 벽의 일부가 무너져 내렸어. 갑작스러운 상황에 놀란 사람들이 혼비백산해 도망을 쳤지.

나와 세리는 비서의 안내에 따라 사람들과 함께 광장을 빠져나왔어.

나중에 알게 된 사실이었지만 누군가 광장 한쪽에 폭발물을 설치한 거였어. 다행히 다치거나 죽은 사람들이 하나도 없이 무사하다는 사실에 나는 가슴을 쓸어내렸어.

"공주님, 생각보다 모리배 일당의 방해가 만만치 않아요. 항상 조심하셔야 합니다."

세리의 비서가 우리에게 신신당부를 했어.

"걱정 마! 모리배가 무서웠다면 처음부터 이런 일을 벌일 생각도 못 했을 거야. 지금이 기회야! 마침 모리배가 우주여행 중이잖아. 모리배가 돌아오기 전에 법을 만들어 놓으면 그도 어쩔 수 없을 거야."

세리가 담담하게 대꾸했지.

"하지만 공주님, 이번에는 운이 좋아서 큰 사고가 나지 않았지만 만약 사람들이 죽거나 다치기라도 했으면 모든 원망의 화살이 공주님과 왕국으로 쏠렸을 겁니다. 공주님이 광장에 사람들을 모이게 했다는 사실을 온 국민이 다 알잖아요."

비서의 말에 내가 끼어들었어.

"비서 누나의 말이 맞아. 방법을 바꿔야겠어."

"어떻게?"

"단톡방을 만드는 건 어때? 화상 채팅방도 괜찮고. 세리의 SNS에 친구 신청을 한 사람을 단톡방으로 초대하고, 그 사람들이 친한 사람들을 초대하면 많은 사람들이 모일 수 있을 거야."

"일단 한번 해 보자."

세리의 동의로 우리는 사람들과 오픈 채팅방을 열었어. 처음에는 관심도 없던 어른들도, 자신의 아이들이 살아갈 미래를 위해 도와 달라는 우리의 간곡한 요청에 하나둘 마음을 바꿔 도움을 주기 시작했지.

우리는 채팅방에서 나온 의견들을 모은 뒤, 각 분야별로 나이대별로 다시 채팅방을 열었어. 그리고 그곳에서 대표들을 뽑았지.

 반지의 비밀

그렇게 모든 것들이 착착 진행되어 가고 있던 어느 날이었어. 보모

할머니가 세리가 가장 좋아하는 음식을 만들어서 왕궁을 찾았어.

앗, 그런데 할머니를 본 순간 랜슬럿에게 전해 달라던 반지가 떠올랐어. 그래서 할머니에게 반지를 다시 되돌려 주었지.

"할머니, 랜슬럿이 이 반지는 자기 것이 아니래요."

"그럴 리가 없는데? 돌아가신 국왕께서 분명히 말씀하셨단다. 공주님을 지킬 최고의 기사에게 꼭 전해 주라고."

"네? 혹시 착각하신 것은 아니죠?"

"물론이지! 최고의 기사라면 랜슬럿 아니겠니. 전설에 의하면 이 반지는 왕족이 위험에 처할 때, 최고 기사의 올바른 마음씨를 푸른 빛으로 바꾸어 왕족을 지키는 방패가 되어 준다고 했는데……. 이상하네?"

할머니와 내가 이런 이야기를 주고받고 있던 그때였어. 세리의 비서가 쭈뼛거리며 우리 곁으로 다가왔어.

"공주님, 반지 모양이 황금 풍뎅이에요. 이건 왕실의 물건을 찾는 반지 같은데요?"

비서의 말에 공주가 눈을 반짝였어.

"어? 반지에 황금 풍뎅이가 있었네? 이건 우리 왕실의 표식이야. 내니! 그 반지는 내가 가지고 있는 게 좋겠어."

"그러는 게 좋겠네요."

할머니가 반지를 세리에게 건네주었어.

할머니가 돌아간 뒤 세리가 흥분한 목소리로 내게 말했어.

"이 반지는 헌법 책이 있는 곳을 알려 줄 위치 추적기일지도 몰라."

"뭐라고? 정말이야?"

"아마도 맞을걸! 나도 왕실의 물건을 찾는 위치 추적기를 몇 개 가지고 있지만 이런 반지는 처음 봤어. 그래서 생각조차 못했는데 만약 비서의 말이 맞다면 이게 그 헌법을 찾을 수 있는 유일한 단서일지도 몰라. 지금 확인해 봐야겠어. 나와 어디 좀 같이 가자!"

세리가 이렇게 말하며 나를 지하실로 안내했어.

넓은 계단을 계속 내려가다 보니 깔끔하게 정리된 응접실이 나타났지. 세리는 응접실 한쪽 벽면에 있는 책장으로 다가갔어. 세리가 책장에 있는 뭔가를 만지자 책장이 열리며 비밀의 방이 나타났어.

그 방에는 온갖 진기한 물건들이 진열되어 있었어. 한눈에 봐도 고급스러워 보이는 대리석으로 만든 조각상들과 아름다운 그림들로 가득했지.

그중에서도 눈에 띄는 건 한쪽 벽면을 가득 채울 정도로 어마어마하

게 큰 스크린이었어.

그런데 더욱 놀라운 건 세리가 스크린 아래에 있는 작은 구멍 같은 것에 반지를 끼우자 지도가 나타나지 뭐야!

잠시 후 지도 한 부분이 심하게 깜박이자 세리가 스크린을 터치했어. 그러자 수십 개의 CCTV 화면이 나타났지.

"찾았어! 바로 저기 우리가 찾는 헌법 책이 숨겨져 있는 거 같아."

"저긴 어디야?"

"100년 전쯤에 폐광된 지역이에요."

비서가 말했어.

"좋았어! 어서 헌법 책을 찾으러 가자!"

세리가 바람처럼 비밀의 방을 나가 버렸어. 나와 비서도 황급히 세리의 뒤를 따랐지.

"그런데 바른 군, 헌법이 뭐예요?"

비서가 내게 조용히 물었어.

"헌법은 여러 가지 법 가운데 가장 높은 법이에요. 법 중에서 가장 위에 있는 법으로, 국가를 움직이는 가장 근본적인 내용이 담겨 있어요."

내 설명을 들은 비서가 또 질문을 했지.

"예전부터 진짜 궁금했는데, 착한 도둑도 벌을 받나요?"

"착한 도둑도 있나요?"

◉◉◉ ＜ ＞ 📖 바른이의 생활 법률 상식　　↥ ⧉

우리나라의 헌법　　🔍

우리나라 최초의 헌법은 1948년 5월 10일 만들어 그해 7월 17일에 공포했어요. 나라의 가장 중요한 법이기 때문에 제5차 개정 헌법(1962.12.26)부터는 국회에서 먼저 의결한 후 국민 투표를 하여 헌법 조항들을 정했어요. 지금의 헌법은 1987년에 개정한 제9차 개정 헌법이에요. 우리 헌법은 이렇게 시작돼요.

"(헌법 제1조) 대한민국은 민주 공화국이다. 대한민국의 주권은 국민에게 있고, 모든 권력은 국민으로부터 나온다." 이 말은 국민이 우리나라의 주인이라는 뜻이에요. 법 위에 바로 국민이 있다는 걸 강조하는 거예요.

- 국민주권주의: 국가의 주권은 국민에게 있고, 국가의 중요한 일을 결정할 때 국민의 뜻을 우선적으로 존중해야 함.
- 자유민주주의: 국민의 자유와 권리를 최대한 보장해야 함.
- 복지국가주의: 국민이 인간다운 삶을 누릴 수 있도록 노력해야 함.
- 국제평화주의: 세계의 평화를 유지하고 인류가 발전할 수 있도록 애써야 함.
- 평화통일 추구의 원리: 우리 민족이 평화적으로 통일을 이룰 수 있도록 노력해야 함.

생활 속 법 이야기

내가 되물었어.

"예를 들어 가난한 사람을 괴롭히는 부자의 물건을 훔쳐서 가난한 사람들에게 나눠 준 도둑이 있다면, 이 도둑도 처벌을 받는지 궁금해요."

"법은 사회 질서를 위해 나라에서 정해 놓은 규칙이자 모든 사람이 안전하고 행복하게 살 수 있도록 정해 놓은 사람들 사이의 약속이에요. 가난한 사람들을 위해 물건을 훔친 의로운 도둑이라 해도 법을 어긴 건 마찬가지예요. 그러므로 형법에 의해 벌을 받겠지요."

"형법은 또 뭐예요?"

"형법은 도둑이나 강도, 폭력배 같은 죄인을 처벌하기 위한 법이에요. 무엇이 범죄이고, 어떤 벌을 얼마나 내릴지를 정해 놓은 법이죠. 만약 친구한테 돈을 빌린 뒤 그 돈을 갚지 않았을 경우에는 민법에 의해 처벌을 받아요. 민법은 사람들 사이에 생긴 문제를 해결하기 위한 법이거든요."

"법이라고 다 똑같은 것이 아니군요."

비서가 신기한 듯 나를 바라보았어.

잠시 후, 우리는 폐광에 도착했어.

"이런 곳에 정말로 헌법이 숨겨져 있을까?"

"그래 주면 우리에게는 행운이겠지."

세리가 나지막하게 말했어.

우리는 탄광 안으로 조심스럽게 들어갔어. 안으로 들어갈수록 반지에서 빛이 나기 시작했지. 나는 알 수 없는 기대감에 미소가 저절로 지어졌어. 한참을 들어가자 나무로 만든 문이 나타났어.

"두 분께서는 조금 떨어져 계세요."

비서가 이렇게 말하며 문을 조심스럽게 열었지. 그러고는 놀란 얼굴로 살짝 비켜섰어.

"뭔데요?"

나와 세리는 안으로 들어갔어. 그때 한 남자가 우리를 향해 다가왔어.

"어서 오세요. 바른 군! 그리고 공주님! 저는 뚜아뚜아별의 법과 정의를 수호하는 모임을 만든 '저격수'라고 합니다."

"뚜아뚜아 별나라에도 법을 수호하는 모임이 있었나요?"

"물론이지요."

'저격수'라는 닉네임을 가진 남자가 우리에게 법과 관련된 여러 가지 활동들을 보여 주었어.

알고 보니 이곳에 모인 사람들은 세리와 같은 생각을 하는 사람들이었어. 이들은 무법천지인 나라를 가만두고 볼 수가 없어서 사람들에게 유익한 법을 만들고 있었대.

나와 세리는 당장 '법과 정의를 수호하는 모임'에 들어갔어. 그리고 나는 내가 알고 있는 법에 대한 지식들을 하나하나 알려 주었지.

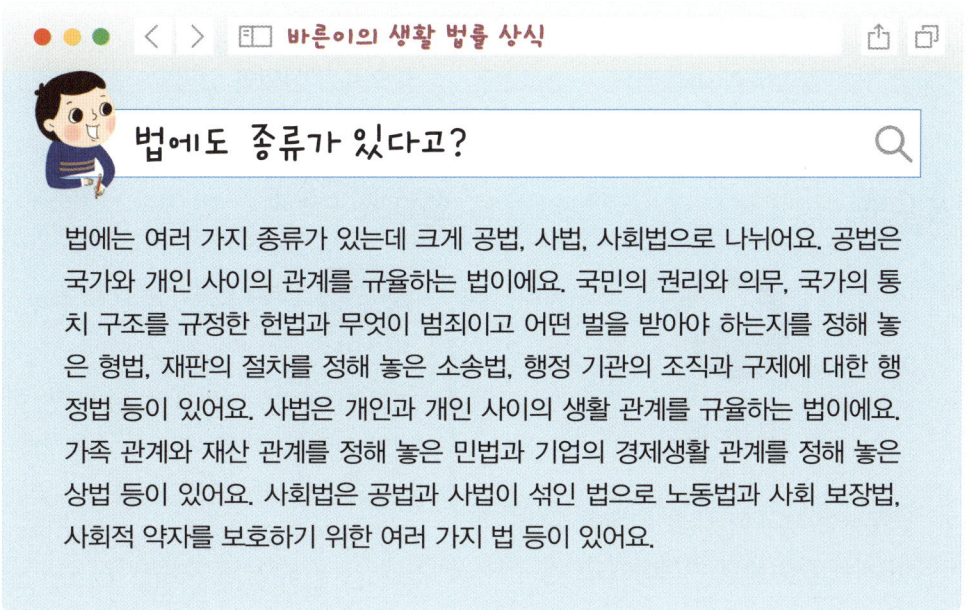

바른이의 생활 법률 상식

법에도 종류가 있다고?

법에는 여러 가지 종류가 있는데 크게 공법, 사법, 사회법으로 나뉘어요. 공법은 국가와 개인 사이의 관계를 규율하는 법이에요. 국민의 권리와 의무, 국가의 통치 구조를 규정한 헌법과 무엇이 범죄이고 어떤 벌을 받아야 하는지를 정해 놓은 형법, 재판의 절차를 정해 놓은 소송법, 행정 기관의 조직과 구제에 대한 행정법 등이 있어요. 사법은 개인과 개인 사이의 생활 관계를 규율하는 법이에요. 가족 관계와 재산 관계를 정해 놓은 민법과 기업의 경제생활 관계를 정해 놓은 상법 등이 있어요. 사회법은 공법과 사법이 섞인 법으로 노동법과 사회 보장법, 사회적 약자를 보호하기 위한 여러 가지 법 등이 있어요.

법을 만들고 실행하는 국가 기관들

법을 만들고 실행하는 일은 여러 국가 기관에서 하고 있어요. 법과 관련된 국가 기관들에는 어떤 것이 있는지 알아보아요.

국회

국회는 법을 만드는 곳이에요. 국민이 뽑은 국회 의원들이 국민의 뜻을 모아서 법을 만들고 헌법을 새로 고치는 일을 해요. 그래서 국회를 '입법부'라고 불러요.

법원

법원은 법에 따라 재판관들이 공정하게 재판을 담당하는 기관으로 '사법부'라고 불러요. 대법원과 고등 법원, 지방 법원 및 지원, 그리고 특허 법원, 가정 법원, 행정 법원 등 특수 법원으로 구성되어 있어요.

법무부

법무부는 법률에 대한 사무를 맡아보는 중앙 행정 기관이에요. 검찰, 인권 보호, 출입국 관리, 죄를 지은 사람들을 가두는 교도소, 구치소, 소년원 등을 관리해요.

헌법 재판소

헌법 재판소는 법원과 비슷하지만 헌법과 관련된 분쟁을 다루는 특별 재판소예요. 국회에서 만든 법률이 헌법에 어긋나지는 않는지, 또 국회에서 대통령이나 장관 등의 파면을 요구할 때 심판하는 일을 하는데 헌법 재판소의 결정은 대통령이나 국회도 바꿀 수 없어요.

검찰청

검찰청은 각종 범죄를 수사하여 증거를 모아서 법원에 재판을 청구하고, 재판의 집행을 지휘하는 등 실제로 법을 집행하는 기관이에요.

경찰청

경찰청은 국민의 생명, 신체 및 재산 보호, 범죄 예방과 진압 및 수사, 교통 단속 등을 통해 공공질서를 지키는 일 등 국민의 가장 가까이에서 법을 지키고 국민의 행복을 돕는 일을 하는 기관이에요.

법제처

법제처는 행정부에서 필요로 하는 법률안이나 명령을 심사하는 기관이에요. 법을 개선하고 잘못된 행정 처분에 대해 국민의 권리를 구제해 주는 행정 심판이나 국민들에게 법을 알기 쉽게 홍보하는 일을 하지요.

대한 법률 구조 공단

대한 법률 구조 공단은 우리나라 국민 누구나 무료 법률 상담을 받을 수 있는 곳으로, 법을 잘 모르는 사람들에게 법률 상담을 해 주거나 변호사를 통해 소송을 할 수 있도록 도와주는 일을 해요.

어떤 국회 의원을 뽑아야 할까?

민주 정치는 국민이 직접 정치에 참여하는 게 원칙이지만, 사회가 발전하고 국민의 수가 너무 많아지면서 국민 모두가 정치에 참여하는 것은 사실상 불가능하게 되었어요. 그래서 대표를 뽑아 정치를 하게 하는데, 이 사람들이 바로 국민의 대표자로 뽑힌 국회 의원이랍니다.

국회 의원은 국회에서 국민의 의견을 받아들여 주권을 행사하는 사람들이에요. 국민을 대신하여 법을 만들지요. 그런데 만약 국회 의원들이 자신의 이익을 위해 법을 만든다면 어떻게 될까요? 우리 국민 모두를 잘살게 해 달라고 뽑았는데 국민의 뜻을 무시하고 마음대로 정치를 한다면 말이에요.

독일의 정치가 히틀러는 국민들의 열렬한 지지를 받아 총리가 되었지만 나중에 제2차 세계 대전을 일으켜 전 세계를 전쟁의 도가니 속으로 몰아넣었어요. 또한 유대인 말살 정책으로 수백만 명의 무고한 유대인을 학살했지요.

이렇듯 국민들의 대표를 뽑는 '선거'는 정말 중요한 일이에요. 어떤 대표를 뽑느냐에 따라 한 국가의 운명이 달라질 수도 있기 때문이지요.

국회 의원은 만 25세 이상의 대한민국 국민이면 누구나 후보로 나올 수 있어요. 어떤 후보들은 당선되기 위해서 모든 걸 다 해 줄 것처럼 행동하고, '국민의 뜻대로 하겠습니다.'라고 말해요. 하지만 당선되면 국민의 뜻과는 정반대되는 행동을 하거나 자기 이익에만 관심을 가지는 사람들이 있지요. 그래서 선거가 중요한 거예요.

만약 국민이 뽑은 국회 의원이 문제를 일으킨다고 하더라도 우리는 다음 선거까지 국회 의원을 바꾸지 못해요. 물론 '국민 소환'이라는 제도를 활용할

수는 있어요. 하지만 이 방법은 명분이 있어야 하는 등 현실적으로 불가능해요. 국회 의원이 범죄를 저지르지 않는 한 말이에요.
그렇다면 어떤 국회 의원을 뽑아야 할까요?
국민을 위해 최선을 다해 일할 수 있는 사람, 국민의 뜻을 가장 잘 받들고 국민의 뜻을 잘 반영하여 국민과 나라를 위하는 정치를 할 사람, 국민 모두가 행복해질 법을 만들 수 있는 사람을 뽑아야 해요. 그러기 위해서는 국회 의원 후보들의 공약을 꼼꼼히 살펴보고 정말로 나를 대신해 정치를 할 자격이 되는지 판단해서 뽑아야 해요.

여러분의 지역구 국회 의원은 선거 공약을 잘 지키고 있나요? 부모님과 함께 이야기를 나누어 보세요.

4장

우리 생활과 법

법의 일생

법 모임이 끝나자 우리는 탄광 안을 샅샅이 뒤졌어.

"바른아, 너는 오른쪽 방을 찾아봐! 나는 비서와 함께 왼쪽 방과 복도 쪽을 찾아볼 테니까."

"오케이!"

나는 오른쪽 방으로 갔어. 방바닥과 벽 그리고 천장까지 몇 시간을 샅샅이 뒤졌지만 헌법 책은 어디에서도 나오지 않았어.

나는 생각했어. 만약 나라면 헌법 책을 어디에 봉인해 놓았을까? 그런데 아무리 생각해 봐도 잘 모르겠지 뭐야?

나는 세리가 다가온 사실조차 깨닫지 못한 채 생각에 잠겨 있었어.

세리가 내 귀에 대고 외쳤어.

"바른아!"

귀청이 떠나가는 듯했지. 나는 깜짝 놀라 세리를 돌아봤어.

"언제 왔어?"

"좀 전에! 무슨 생각을 하느라 사람이 오는 줄도 모르니?"

세리가 눈을 찡긋거리며 나를 쳐다봤어.

"아무리 찾아봐도 헌법이 봉인된 장소를 못 찾겠어. 그래서 나라면 어디에 숨겨 놨을까 생각해 봤지."

"바른아, 이제 그만 찾아도 돼."

"그게 무슨 말이야? 벌써 포기한 거야?"

"천만에!"

그러면서 세리는 황금색으로 빛나는 책을 '짠' 하고 보여 주었어.

나는 깜짝 놀라 소리를 질렀지.

"드디어 찾았구나!"

"응! 반지가 더욱 밝게 빛을 내는 곳을 따라 갔더니 있더라고!"

정말 신기한 반지였어. 나는 세리에게 돌려받은 반지를 주머니에 집어 넣었어.

"그런데 문제가 있어. 이상하게 헌법 책이 열리지 않아. 아무래도 모리배가 마법의 봉인을 걸어 놓은 것 같아."

뭐라고? 기껏 힘들게 찾았는데 헌법 책을 열 수가 없다니, 나는 너무 아쉽고 속상했어.

나는 우리나라 시간으로 적어도 아침 6시 전까지는 집으로 돌아가야 했어. 그런데 이 헌법 책 때문에 계속 시간을 허비할 수는 없었지. 그래서 최선의 방법을 제안했어.

"우리가 직접 법을 만들어 보는 건 어때? 어쩌면 헌법 책을 살펴봐도 지금의 상황에 맞게 바꿔야 할 거야. 그러니까 너희 별나라에 필요한 법부터 하나씩 만들자."

"말이 쉽지. 법을 어떻게 만들어?"

"원래 법은 사람들의 필요에 의해 만드는 거야. 예를 들어 자동차가 없었던 시절에는 교통 법규가 필요 없었어. 하지만 차들이 많아지고 교통사고가 늘어나면서 자동차와 관련된 법들이 생겨났지."

"그렇게 만든 법이 만약에 잘못된 법이면 어떻게 해? 법은 한 번 만들면 바꿀 수 없는 거 아냐?"

"천만에! 법도 생명체처럼 태어나고 자라고 죽어."

"무슨 말이야? 쉽게 설명해 줘!"

"법은 한 번 생겼다고 해서 영원히 없어지지 않는 것이 아니야. 법은 필요하면 만들어 쓰다가, 옳지 않다고 생각하면 고쳐 쓰기도 하고 또 필요가 없을 경우에는 없애기도 해. 우리나라에서는 어린이의 교통안전을 강화하기 위해 도로 교통법을 고쳐 일명 '민식이법'과 '하준이법'을 만들었어."

"법도 일생이 있었구나? 그러면 나라마다 법이 모두 다 다르겠네?"

"물론이지! 법이 모두 같을 수는 없어. 나라마다 문화와 환경이 다르거든."

"좋았어! 당장 뚜아뚜아별에 가장 필요한 법이 무엇인지 알아보자."

우리는 '법과 정의를 수호하는 모임'의 도움을 받아 뚜아뚜아 별나라의 새 법을 하나씩 만들기로 했어.

그런데 뚜아뚜아 별나라의 어른들은 법을 만드는 일에 소극적이었

□ 바른이의 생활 법률 상식

 민식이법과 하준이법이 뭘까?

민식이법과 하준이법은 어린이의 교통안전을 강화하기 위해 새로 개정된 도로 교통법이에요.

민식이법은 2019년 9월 충남 아산의 한 어린이 보호 구역(스쿨 존)에서 교통사고로 숨진 김민식 군(당시 9세)의 이름을 딴 법안으로, 2019년 12월 10일 국회를 통과해 2020년 3월 25일부터 시행되었어요. 어린이 보호 구역 내 신호등과 과속 단속 카메라 설치 의무화 등을 담고 있는 도로 교통법 개정안과 어린이 보호 구역 내 안전 운전 의무 부주의로 사망이나 상해 사고를 일으킨 가해자를 가중 처벌하는 내용의 특정 범죄 가중 처벌 등에 관한 법률 개정안 등으로 이루어져 있지요. 하준이법은 2017년 10월 경기도 과천 놀이공원 주차장에 세워 둔 차가 내려오는 사고로 숨진 최하준 군의 이름을 딴 법안이에요. 경사진 주차장에 미끄럼 방지를 위한 고임목과 안내 표지 설치 등을 담고 있는 '주차장법 개정안'과 어린이 보호 구역 내 주정차 위반 차량에 대한 범칙금과 과태료를 올리는 등의 '도로 교통법 개정안'으로 이루어져 있답니다.

어린이 보호 구역 안전 운전 수칙

어린이 보호 구역 내 주정차 금지	어린이 보호 구역 내 서행 운전	횡단보도 앞에서 일시 정지

보행자와 운전자가 서로를 못 볼 수 있으니 주정차를 해서는 안 돼요.	어린이가 도로로 갑자기 뛰어나올 수 있으니 좌우를 잘 살피며 서행하세요.	횡단보도에서 어린이가 앞만 보며 나올 수 있으니 일시 정지 후 출발하세요.

생활 속 법 이야기

어. 모리배 일당의 눈치를 보느라 그런 것이었지. 하지만 법을 만들기 위해서는 현재 나라를 이끌어 가고 있는 어른들의 힘이 절대적으로 필요했어.

어린이를 위한 법

"어른들을 움직일 법은 과연 무엇일까?"

우리는 머리를 맞대고 아이디어를 생각해 보았지. 그리고 얼마 안 가 비서가 소리쳤어.

"그래, 바로 그거예요. 어린이를 보호하는 법!"

"무슨 뜻이야?"

세리의 질문에 비서가 대답했어.

"자식을 위해서라면 모든 걸 희생하고 헌신할 수 있는 게 바로 부모예요. 그러니까 우리는 이 점을 이용하는 거예요. 어린이를 위한 법을 만든다면 생각 있는 어른들이 도와줄 거예요. 자신의 아이가 행복하고 건강하게 자라는 걸 싫어할 부모는 한 명도 없을 테니까요."

"오! 그거 좋은 생각이다. 우리나라에서도 아동 복지법과 청소년 보호법 등을 만들어 어린이와 청소년을 보호하고 있는데! 세리 네 생각은 어때?"

내가 세리에게 물었어.

"좋은 생각 같아. 그런데 어린이를 위한 법에는 어떤 것들이 있어?"

"어린이를 위한 법에는 '초중등 교육법'처럼 우리 어린이들이 학교에서 제대로 교육을 받을 수 있도록 정한 법이 있어. 또 어린이들의 등굣길을 안전하게 지켜 주는 스쿨 존이 있지."

"스쿨 존이 뭐야?"

"스쿨 존은 유치원이나 초등학교 주변에 설치한 어린이 보호 구역이

야. 어린이의 교통사고를 예방하기 위해 만들어졌어."

"등굣길이 법에 의해 보호를 받을 수 있다니 좋은걸! 우리 별나라에서도 학교 앞에서 교통사고가 많이 나는데 당장 만들어야겠어. 그리고 또 어떤 것들이 있어?"

"학교 급식법과 식품 위생법이 있어. 학교 급식법은 학교 급식에 관한 것을 법률로 정해 놓은 거야. 아이들의 식중독 사고를 예방하기 위해 학교 급식을 학교장이 관리 운영하며 음식 재료의 원산지를 밝히고 품질을 유지할 수 있도록 법으로 정해 두었어. 식품 위생법은 국민 전

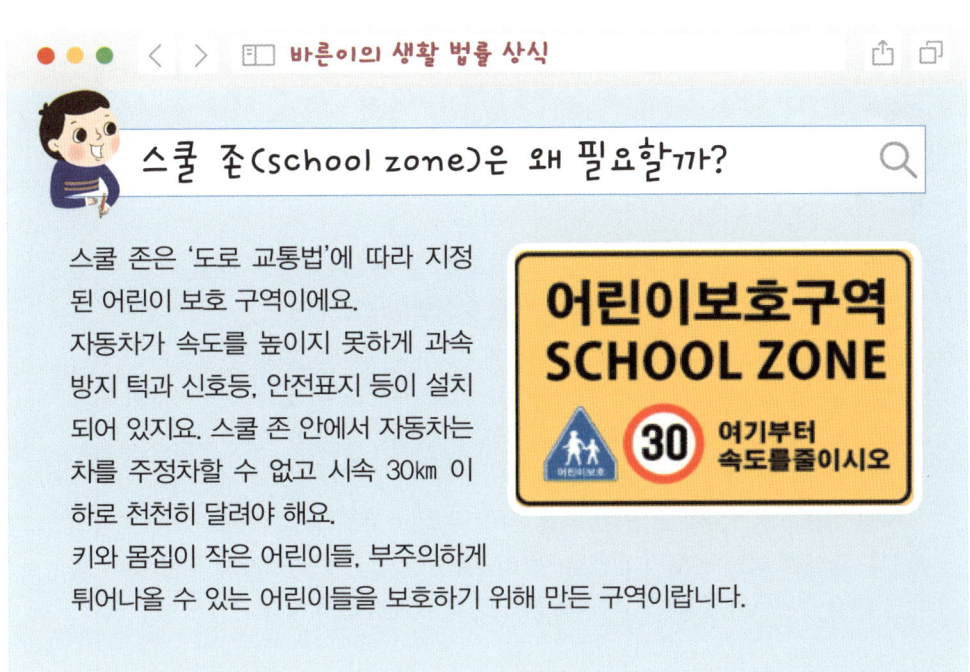

체의 건강을 위해 식품의 원산지와 품질을 보장해 놓은 법이야."

"음! 그것도 좋은 법인걸! 자라나는 꿈나무들이 먹는 음식을 가지고 장난치는 어른들은 혼내 줘야 해!"

세리가 만족한 듯 미소를 지었어.

우리는 뚜아뚜아별의 1호 법을 '어린이를 위한 법'으로 정했어. 그런 다음 다양한 사람들의 의견을 들으며 법을 만들고 사람들이 잘 알 수 있도록 홍보를 했지.

"어린이는 법적으로 보호해 주어야 합니다."

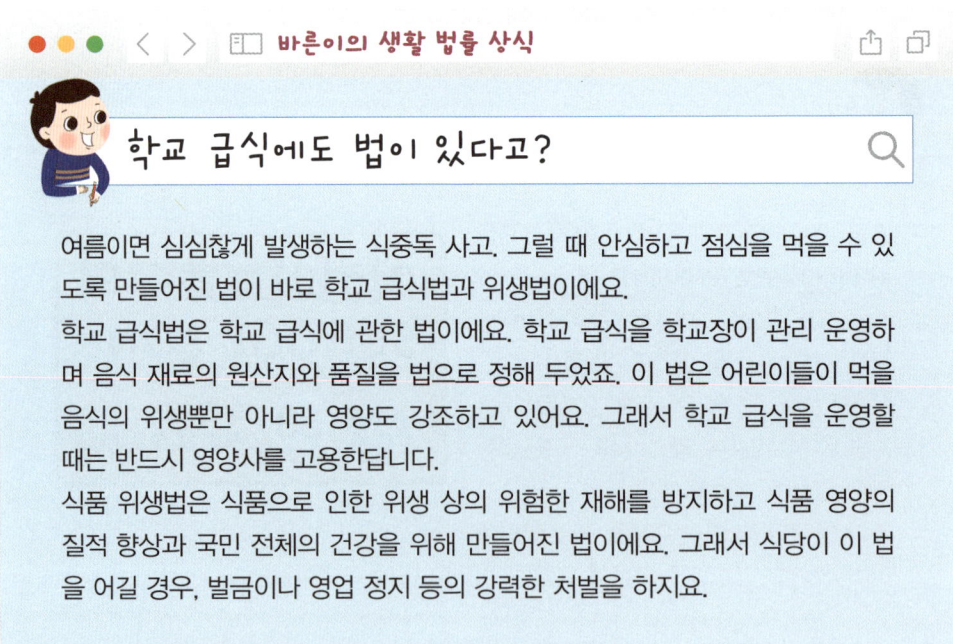

바른이의 생활 법률 상식

학교 급식에도 법이 있다고?

여름이면 심심찮게 발생하는 식중독 사고. 그럴 때 안심하고 점심을 먹을 수 있도록 만들어진 법이 바로 학교 급식법과 위생법이에요.
학교 급식법은 학교 급식에 관한 법이에요. 학교 급식을 학교장이 관리 운영하며 음식 재료의 원산지와 품질을 법으로 정해 두었죠. 이 법은 어린이들이 먹을 음식의 위생뿐만 아니라 영양도 강조하고 있어요. 그래서 학교 급식을 운영할 때는 반드시 영양사를 고용한답니다.
식품 위생법은 식품으로 인한 위생 상의 위험한 재해를 방지하고 식품 영양의 질적 향상과 국민 전체의 건강을 위해 만들어진 법이에요. 그래서 식당이 이 법을 어길 경우, 벌금이나 영업 정지 등의 강력한 처벌을 하지요.

"자라나는 꿈나무들을 지켜 주세요!"

"어린이 보호 구역에서는 어린이가 왕!"

우리 예상은 정확했어. 법에 대해 전혀 관심 없던 어른들이 자신의 아이들과 관련된 법을 만든다고 하자 변하기 시작한 거야.

어린이를 위한 법이 차근차근 만들어지던 어느 날이었어.

아침부터 뚜아뚜아별이 시끌시끌했어. 글쎄, 다리가 불편한 어린이가 도로에서 차에 치여 크게 다친 사고가 일어난 거야. 그런데 단순한 교통사고가 아니었어.

아이가 학교에 가기 위해 버스를 타려는 순간, 버스 기사가 바쁜 시

간이라며 버스 문을 닫고 그냥 출발해 버렸대. 다리에 장애가 있던 어린이는 그만 달려오는 차를 빨리 피하지 못해 사고가 난 거야. 그 어린이는 부모도 없이 할머니와 단둘이 사는 아이였어. 할머니의 일을 돕다가 다리를 다쳐 장애를 가지게 되었대. 아이의 안타까운 소식이 전해지자 뚜아뚜아별이 발칵 뒤집어졌어.

"장애인이라서 버스에 태우지 않은 거예요."

"어떤 이유로든 차별을 당해서는 안 돼요."

"버스 기사를 용서해 주면 안 돼요!"

사람들의 아우성에 세리가 나에게 물었어.

"바른아, 모든 사람이 차별 없이 살 수 있는 법은 없어? 우리 별나라 사람들은 어리다는 이유로 또 여자라는 이유로, 돈이 없다는 이유로, 왼손잡이라는 이유로, 수없이 많은 차별을 당하며 살고 있거든."

"당연히 있지! 바로 인권법이야."

"인권은 또 뭐야?"

"인권이란 사람으로 태어나면서 저절로 갖게 되는 권리이자, 누구나 인간답게 살 수 있는 권리야. 인권법은 모든 사람이 차별 없이 자유와 권리를 침해 받지 않도록 하기 위해서 만들어진 법이기 때문에 어린이나 여성, 홀로 사는 노인, 소년 소녀 가장, 장애인 등 힘없고 약한 사람들이 차별 없이 자유와 권리를 누리도록 해 주지."

"그럼 우리 별에 꼭 필요한 법이네! 당장 만들자!"

세리는 서둘러서 법을 만들었고, 뚜아뚜아별의 인권법이 탄생했지.

우리는 국민들에게 인권법이 무엇인지 널리 알리기 시작했어.

"사람이 먼저입니다."

"차이는 있어도 차별은 없어요."

"인권을 지키는 것은 바로 모든 생명을 존중하고 차별하지 않는 것입니다."

우리의 홍보 방법은 많은 사람들의 관심을 받았어.

"모두 고생했어. 덕분에 우리 별 사람들이 법의 필요성을 느끼게 된 것 같아."

세리가 만족스러운 표정으로 고개를 끄덕였어. 그리고 나도 매우 뿌듯한 마음이 들었어.

인권 침해를 당했다면?

인권 침해란 국민이 행복하게 살 수 있는 권리를 침해하는 것이에요. 장애인이라는 이유로 학교 입학을 거부하거나 일자리를 주지 않는 것, 여자라는 이유만으로 취업의 기회가 적고 남자와 월급 차이가 나는 것, 또 외국인 노동자라는 이유만으로 월급을 적게 주면서 힘든 일을 시키고 다쳤을 때는 치료도 안 해 주는 것 등이 모두 인권 침해에 속해요. 그렇다면 인권이 침해되었을 때는 어떻게 해야 할까요? 이때는 국가 인권 위원회에 신고를 하면 돼요.

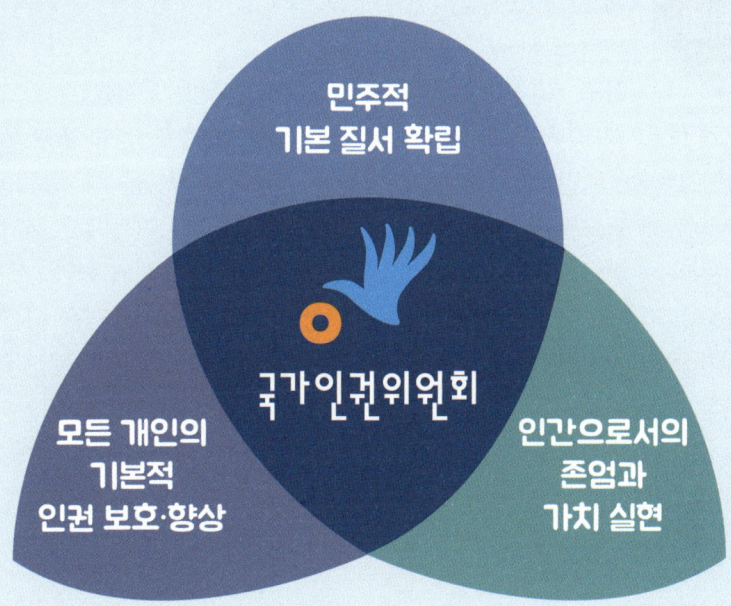

어린이를 위한 여러 가지 법

'법'은 어른들하고만 관련이 있고 어린이와 관련이 없을 것 같지만, 어린이들을 위한 법도 있답니다. 어린이나 청소년을 보호하기 위한 아동 복지법, 청소년 보호법과 학교 폭력 예방법, 식품 위생법(어린이 식생활 안전 관리 특별법), 어린이 놀이 시설 관리법, 소년법, 어린이 교통안전과 관련된 법 등이 바로 그것이에요.

아동 복지법

아동 복지법은 어린이의 행복한 생활과 인권을 보장하기 위해 만들어진 법이에요. 아동 복지법에서 말하는 아동은 만 18세가 되지 않은 사람을 말해요.

아동 복지법에는 아동이 건강하고 행복하게 자랄 수 있도록 국가와 보호자가 아동의 복지를 책임져야 한다고 법으로 정해 놓고 있어요. 그리고 아동의 건강과 행복을 위협하는 상황이 발생했을 때 아동을 보호하기 위해 필요한 조치를 취할 수 있는 벌칙 규정과 아동에게 해서는 안 되는 행동, 이를 어긴 사람에게 어떤 처벌을 내릴지도 정해 놓았어요.

아동 복지법에 따르면 어린이의 몸에 상처를 입히거나 특정한 공간에 가두면 안 돼요. 또한 성적 수치심을 주는 성희롱이나 성폭행, 정신 건강에 해를 끼치는 정서적인 학대 행위가 금지되어 있어요. 또 부모가 아이에게 구걸을 시키거나 위험한 일을 시켜 돈을 버는 행위, 아동을 다른 사람에게 파는 것도 금지하고 있어요. 이러한 행동을 한 사람은 징역형이나 벌금형 등 엄한 처벌을 받는답니다.

아동 학대 의심 상황

신체 학대
- 사고로 보기에는 미심쩍은 멍이나 상처가 있을 때
- 보호자가 아동의 상처를 숨기거나 설명이 부적절한 경우

성(性) 학대
- 아동을 대상으로 한 모든 성적 행동
- 아동의 나이에 맞지 않는 성적 행동이나 조숙한 성 지식

청소년 보호법

청소년 보호법은 청소년에게 나쁜 영향을 미치는 환경으로부터 보호하고, 건전한 인격을 가진 어른으로 성장하도록 하기 위해 만들었어요.

청소년 보호법에서 말하는 청소년은 만 19세 미만으로 보통 고등학교 3학년 학생들까지가 포함돼요. 이 법에서는 청소년에게 해가 되는 약물 등을 팔거나 사지 못하게 하고, 청소년이 술집 같은 유해업소에 드나드는 것을 막고 있어요. 또한 폭력이나 학대 등 청소년의 건강과 정신에 큰 상처를 주는 행동을 막고, 여러 가지 나쁜 환경으로부터 청소년을 보호하고 도와주는 역할도 하고 있어요. 청소년 보호법을 위반한 어른은 벌금을 내거나 징역을 살아야 해요. 하지만 청소년 보호법은 청소년을 보호하기 위한 법이기 때문에 이 법을 어긴 청소년은 처벌을 받지 않지요. 하지만 법 위반 정도에 따라 선도나 보호 조치를 받기도 하지요.

학교 폭력 예방법

학교 폭력 예방법은 학교 안팎에서 일어나는 여러 가지 나쁜 행동 등을 예방하기 위한 법이에요. '학교 폭력 예방 및 대책에 관한 법률'에 따르면 학교 폭력이란 학교 안팎에서 학생을 때리거나 치고 지나가는 행동, 돈이나 물건을 빼앗아 돌려주지 않는 행동, 발로 차고 침을 뱉는 행동, 욕을 하거나 약점을 잡아 괴롭히는 행동, 나쁜 말을 퍼뜨리는 행동 등이 모두 학교 폭력에 해당되고, 이 같은 학교 폭력을 저질렀을 때는 법에 의해 여러 가지 징계를 받게 돼요.

정서 학대
- 아동이 성인에게 언어적, 정서적 위협을 당하는 경우
- 언어 폭력이나 심한 비교, 가족 내 따돌림, 집 밖으로 쫓아내는 행위

방임
- 기본적인 의식주를 제공하지 않는 행위
- 아동에게 필요한 의료적 처지를 하지 않거나 비위생적인 환경에 노출시키는 경우

법은 왜 나라마다 다를까?

어떤 나라에서는 사람을 죽인 범죄인에게 사형을 내리지만, 또 어떤 나라에서는 징역을 내리기도 해요. 이처럼 나라마다 법이 다른 이유는 무엇일까요?

각 나라들은 살아온 역사와 환경이 모두 다르기 때문에 서로 다른 문화와 생활 방식과 사고방식, 풍습 등이 존재해요. 법은 그 나라 사람들의 필요에 의해 생겨나고요. 그래서 각 나라에서는 자기 나라의 실정에 맞는 법을 만들게 되고 그 때문에 서로 다른 법이 만들어지게 된 거예요.

예를 들어, 자동차가 없는 나라에서는 자동차에 대한 교통 법규가 필요 없지만 자동차가 있는 나라에서는 교통사고를 막기 위해 교통 법규가 꼭 필요해요.

인터넷을 사용하지 않는 나라에서는 인터넷을 이용한 사이버 범죄가 일어날 수 없기 때문에 인터넷과 정보 보호에 관한 법률이 필요 없어요. 하지만 우리나라처럼 인터넷이 발전된 나라라면, 컴퓨터를 통해 인터넷상에서 행한 사이버 범죄 행위도 막아야 할 필요가 생기지요 . '정보 통신망 이용 촉진 및 정보 보호 등에 관한 법률'이 생긴 건 이런 이유 때문이에요.

법이란 국가가 강제로 시행하는 사회 규범이에요. 법은 역사를 따라 변화하고 발전하지요. 우리나라의 경우를 보더라도, 고려 시대에는 중국 당나라의 법률을 참고하여 만든 법률을 따랐어요. 하지만 그 법이 우리나라의 실정에 맞지 않았지요. 결국 조선 시대가 되면서 우리나라의 실정에 가장 잘 맞는 법을 만들고 《경국대전》을 편찬했답니다.

법이란 그 나라의 문화에 맞춰서 제정되어야 그 나라에 맞는 법이 돼요. 그래서 미국 같은 연방제 국가에서는 각 주마다 법이 달라요.

어떤 주에서는 맨발로 운전하면 법에 걸리지만, 또 어떤 주에서는 맨발로 운전을 해도 아무런 죄가 되지 않아요. 또 선인장을 자르면 25년 형에 처해지는 주도 있고, 사진을 찍기 위해 잠자는 곰을 깨우는 것은 위법이지만 곰을 총으로 쏘는 것은 합법인 주도 있어요. 이처럼 미국에서는 각 주마다 자기 주의 실정과 풍습, 사고방식이나 문화에 맞는 법을 만들어 쓰고 있답니다.

법은 한 번 생겼다고 해서 영원히 존재하는 것은 아니에요. 법이 필요해 새 법을 만들어서 쓰다가 필요가 없어지면 고쳐 쓰기도 하고 법을 없애 버리기도 하지요. 지금 이 시간에도 각 나라에서는 수많은 법들이 생겨나고 없어지고 있답니다.

만약 세계에서 공용으로 쓰일 통일 법안을 만든다면 어떠한 점을 주의해야 할까요? 여러분이 세계 시민으로서 꼭 지켜야 할 법을 만든다면 어떤 내용을 담고 싶은가요?

숨은 단어 찾기

우리나라에는 아동 복지법처럼 아이가 행복하고 건강하게 자라는 데 필요한 복지를 보장하기 위한 법이 있어요. 다음 보기는 어떤 법을 설명하고 있는지 아래 퍼즐에서 답을 찾아보세요. 가로, 세로, 대각선, 좌우로 단어가 숨어 있답니다.

보기

❶ 우리 어린이들이 학교에서 제대로 교육을 받을 수 있도록 정한 법
❷ 유치원이나 초등학교 주변에 설치한 어린이 보호 구역
❸ 학교 급식에 관한 것을 법률로 정해 놓은 것
❹ 국민 전체의 건강을 위해 식품의 원산지와 품질을 보장해 놓은 법

5장

재판과 형벌

모리배의 등장

그러던 어느 날이었어. 비서가 숨을 할딱거리며 세리와 내가 있는 방으로 뛰어 들어왔어.

"공주님! 큰일 났어요, 큰일!"

"무슨 일인데 그래? 귀신이라도 봤어?"

세리가 장난스러운 표정으로 비서를 쳐다보았어.

그때였어. 문이 벌컥 열리며 목발을 짚은 남자가 절뚝거리며 방 안으로 쑥 들어왔어. 남자의 뒤에는 험상궂게 생긴 사람들이 서 있었지.

순간 세리의 얼굴이 화난 표정으로 변했어.

"모리배가 어떻게!"

"우주에서 작은 사고가 있어서 조금 일찍 돌아왔습지요. 그런데 공주께서 그동안 엄청난 일을 저질러 놓으셨더군요."

모리배는 화가 난 듯 콧구멍을 벌렁거리며 세리를 노려보았어.

"열다섯 살이 될 때까지 얌전히 있었으면 뚜아뚜아별의 여왕이 되었을 텐데 괜한 일을 해서 명을 단축하다니, 쯧쯧!"

모리배가 혀를 끌끌 찼어.

바로 그때였어.

"모리배! 정말 오랜만이군!"

쩌렁쩌렁한 목소리가 들리며 랜슬럿이 나타났어.

랜슬럿의 손에는 하나로 합쳐져 반짝이는 황금 칼이 들려 있었지.

"정의의 칼로 너를 벌하노라!"

랜슬럿이 칼을 높이 쳐들며 외쳤지만 모리배는 코웃음을 쳤어.

"훗! 네 칼보다 내 마법에 공주가 바위가 되는 게 더 빠를걸!"

모리배가 마법 봉을 겨누자 초록색 빛이 뱀처럼 세리에게 다가왔어. 나는 순간적으로 세리 앞으로 뛰어나가 뱀을 온몸으로 막았어.

'파파팍!'

순간 내 주머니에 있던 반지에서 나온 푸른 빛이 우리를 감쌌어.

그러자 마법 봉의 초록색 빛이 다시 모리배에게 되돌아가지 뭐야?

"아니 저 푸른 빛은? 설마 네 놈이 전설의……?"

놀란 모리배가 마법 봉을 떨어뜨렸어. 그 틈을 타 랜슬럿이 정의의 칼로 마법 봉을 두 동강 냈지. 순식간의 일이었어.

"모리배와 일당을 모두 잡아라!"

랜슬럿이 소리쳤어.

마법 봉을 잃은 모리배는 아무 힘도 쓰지 못했지. 모리배와 일당들은 모두 감옥에 갇히고 말았어.

그런데 랜슬럿이 어떻게 지하 감옥을 빠져나올 수 있었냐고?

나중에 들은 사실인데, 내가 주고 온 부러진 칼이 랜슬럿의 손길에 원래의 모습으로 변했다고 해. 정의의 칼을 손에 쥔 랜슬럿은 다시 힘을 찾았고 부하들을 모아 왕궁으로 돌아왔던 것이지.

사람들은 모리배가 갇혔다는 소식에 거리로 쏟아져 나왔어.

"당장 모리배 일당을 처형합시다!"

사람들은 모리배를 당장 사형시켜야 한다고 아우성이었지.

하지만 내 생각은 달랐어.

"세리야, 아무리 나쁜 사람이라도 함부로 죽여서는 안 돼. 뚜아뚜아 별에도 이제 법이 있잖아. 그 법 앞에 모리배를 세워 놓고 공정하게 재판을 받게 하자."

"재판이 뭐야?"

"재판이란 법률에 따라 공정하게 심판 받게 하는 거야."

"죄를 지으면 재판을 받는 거구나!"

"꼭 그렇지는 않아. 재판에는 형사 재판과 민사 재판이 있는데, 형사 재판은 도둑이나 강도, 폭력배 같은 범죄자를 재판하는 거야. 검사가 범죄자의 범행을 밝히기 위해 수사하고 재판을 신청하지. 하지만 민사 재판은 사람들끼리의 다툼이나 피해를 입었을 때 받는 재판이야. 이때 재판을 건 사람이나 재판을 받아야 하는 사람은 변호사의 도움을 받을 수 있어."

"변호사와 검사는 또 뭐야?"

"변호사와 검사, 판사는 법조인으로 법과 정의를 지키는 사람이라고 할 수 있어. 변호사는 법을 모르는 사람을 대신해 권리와 이익을 찾아 주는 사람이고, 검사는 범죄자의 죄를 밝히기 위해 수사하고 재판을 신청하는 사람, 판사는 다툼을 공정하게 판결하는 사람이야."

"재판은 한 번에 끝나?"

"우리나라의 경우 재판은 세 번까지 다시 할 수 있어. 잘못 판결했다고 생각되면 다시 재판을 해 달라고 요구하는 거지. 첫 번째 재판은 지방 법원에서 판사 한 명이 하고, 두 번째 재판은 고등 법원에서 하는데 판사 세 명이 판결을 해. 두 번째 판결을 받고도 억울하면 세 번째 재판을 해 달라고 요청할 수 있는데 이때는 대법원에서 해. 대법원은 대한민국 최고 법원으로 총 3번의 재판 중 마지막 재판이 이루어지는 곳이기 때문에 판결이 나면 절대로 바뀌지 않아."

내 설명에 세리가 알겠다는 표정으로 고개를 끄덕였어.

법정에 선 모리배

얼마 후, 모리배가 뚜아뚜아별 법정에 섰어. 나와 세리는 모리배의 재판을 지켜보기 위해 법정으로 향했지.

"모리배는 오늘 어떤 형벌을 받을까? 판사 맘대로 형벌을 내리면 어떻게 하지?"

세리가 걱정스러운 듯 중얼거렸어.

"랜슬럿을 믿어 봐! 랜슬럿은 세리 네가 태어나기도 전부터 뚜아뚜아별나라의 법을 지키지 않는 사람들을 정의의 칼로 다스렸다며. 아마도 알아서 잘할 거야."

"하지만 아직 우리 별은 죄를 지은 사람에게 어떤 형벌을 내릴지 정해 놓은 게 없잖아."

"그래서 내가 우리나라의 법률을 참고하라고 전해 주었어. 우리나라는 죄와 벌을 모두 법률로 정해 두었어. 법률이 없다면 판사 맘대로 판결을 내릴 수도 있기 때문에 어떤 죄에 어떤 형벌을 주는지 모두 법률로 정해 두었지. 나라마다 법이 조금씩 다르긴 하지만 큰 죄에는 큰 벌을 내리고 작은 죄에는 작은 벌을 내리는 우리나라의 법률이 도움이 될 거야."

내 설명에 세리가 알겠다며 고개를 끄덕였어.

잠시 후, 우리는 모리배의 재판이 열리는 법정에 도착했어.

재판을 통해 드러난 모리배의 죄는 어마어마했어. 뚜아뚜아별을 차지하기 위해 너무도 많은 사람들을 죽였다는 사실이 드러난 거야.

재판장은 모리배에게 사형을 선고했어. 그러자 모리배는 판사의 결정을 받아들일 수 없다며 계속해서 더 높은 법원에 재판을 청구했어.

하지만 두 번째 재판에서도 사형이 선고되자 모리배는 뚜아뚜아별 헌법에는 사형이라는 형벌이 없다며 판결을 받아들일 수 없다고 했어.

결국 모리배는 자신이 봉인한 헌법 책의 봉인을 풀 수밖에 없었어. 법의 근거를 찾아야 했으니까. 그렇게 해서 무려 100년 가까이 봉인되

었던 뚜아뚜아 별나라의 헌법이 세상에 그 모습을 드러냈어.

세 번째 재판은 뚜아뚜아별의 헌법에 따라 진행되었어. 그래서 모리배는 어떤 판결을 받았냐고?

모리배는 지하 감옥에서 죽을 때까지 살아야 하는 무기 징역을 선고받았어. 뚜아뚜아 별나라의 법에는 사형이라는 형벌 제도가 없었거든.

"네 덕분에 법이 다스리는 나라가 되었어. 고마워!"

세리가 내게 감사 인사를 했어.

"이제 내가 할 일이 끝났으니까 집으로 돌아가야겠다."

"그래야겠지?"

세리가 빙긋 웃었어.

"바른아, 우리 별을 도와줘서 정말 고마워. 평생 잊지 못할 거야."

"아니야. 네 덕분에 나도 법을 더욱 잘 알게 되는 계기가 되었어."

"이 왕실 반지를 선물로 줄게. 우리 헌법 책을 다시 찾게 해 준 기념으로."

나는 다시 우주선을 타고 집으로 돌아왔어.

때마침 아침 해가 밝아 오고 있었지. 나는 창문을 통해 내 방으로 들어왔어.

"잘 가! 언제든 내 도움이 필요하면 찾아와! 기다릴게."

"고마워! 그리고 바른아, 넌 참 멋진 녀석이야!"

세리가 눈을 찡긋하며 말했어. 그 순간, 세리가 탄 우주선이 눈 깜짝할 사이에 사라져 버렸지.

'뭐지? 내가 꿈을 꿨나? 아니면 진짜로 내가 겪은 일인가?'

나는 눈을 비비고 한참 동안 창밖을 바라보았어. 그러다 주머니에서 황금색 반지를 발견하고 씨익 웃었어. 반지를 보니 뚜아뚜아별에서의 모험이 머릿속에 다시 생생하게 떠올랐지.

나는 언젠가 세리를 다시 만날 생각을 하며 모자란 잠을 더 청했어.

바른이의 생활 법률 상식

우리나라 법엔 사형이 있을까?

우리나라는 1997년 12월 30일 이후 실질적으로 사형을 집행하고 있지 않은 '실질적 사형 폐지국'이에요. 사형은 법정 최고형으로, 실제 법원에서는 사형을 선고하기도 해요. 하지만 집행은 계속 보류하지요. 현재 우리나라의 생존 사형수는 약 60명 정도인데, 인권 보호를 위해서 또는 사법부가 잘못 판결을 내렸을 수도 있기 때문에 집행을 하지 않고 있어요.

그런데 국민 대상으로 설문 조사를 해 보면, 의외로 사형 집행을 찬성하는 여론이 높아요. 흉악 범죄를 예방할 수도 있고, 피해자와 가족의 인권을 보호하기 위해서 사형을 집행할 필요가 있다고 생각하는 것이지요.

여러분 생각은 어떤가요?

법과 정의를 수호하는 법조인, 판사·검사·변호사

판사, 검사, 변호사는 모두 법을 다루는 일을 하는 사람이에요. 하지만 재판에서 맡은 역할은 모두 달라요. 그럼 어떻게 다른지 알아볼까요?

검사는 범죄를 수사하고 공소를 제기하며 재판에 참여하는 사람이에요. 공소란 검사가 법원에 재판을 청구하는 것을 말해요.

예를 들어, 어떤 도둑이 있다면 검사는 그 사건을 꼼꼼하게 수사한 후 도둑의 죄를 밝힐 증거를 제시하며 지은 죄에 합당한 처벌을 요구하는 사람이에요.

변호사는 피고의 무죄를 증명하거나 피고의 입장을 대변하는 사람이에요. 검사의 반대편이자 피고인과 같은 편에 서서 최대한 벌을 덜 받을 수 있게 도와줘요. 재판 과정에서 피고의 무죄를 증명할 서류나 증거를 준비하고, 피고인이 최대한 가벼운 벌을 받을 수 있도록 판사를 설득하는 사람이에요. 또한 법을 잘 모르는 사람을 위해 상담해 주는 일을 하기도 해요.

판사는 법원의 법관으로 검사와 변호사의 의견을 듣고 재판에서 법률에 따라 잘못한 만큼의 벌을 정해서 판결을 내리는 일을 해요. 텔레비전에서 법정의 높은 자리에 앉아 망치로 '땅땅땅' 두드리는 사람을 본 적 있지요? 그 사람이 바로 판사랍니다.

국민 참여 재판

국민 참여 재판 제도는 2008년 1월부터 시행된, 국민들이 배심원으로 형사 재판에 참여하는 새로운 형사 재판 제도예요. 배심원으로 선정된 이상 특별한 사유 없이 참석하지 않으면 벌금을 내야 하지요. 그럼 배심원 선정은 어떻게 하냐고요?

국민 참여 재판은 만 20세 이상의 국민 중 무작위로 선정된 배심원들이 법정 공방을 지켜본 뒤, 피고인의 유·무죄에 관한 평결을 내리고 적정한 형을 토의하면 재판부가 이를 참고하여 판결을 선고해요. 아무나 배심원 참여를 신청할 수도 없고, 마음대로 불참을 해도 안 돼요. 물론 개인적인 사유로 불참할 것을 예상해서 참여 인원의 몇 배수로 선정 통보서를 보내기 때문에 무조건 참여해야 되는 것은 아니에요.

우리나라의 경우 배심원들의 의견이 판결에 직접적인 영향을 주지 않아요. 배심원들이 무죄라고 판단해도, 재판부에서는 법률을 근거로 유죄라고 선고할 수도 있고 그 반대일 수도 있지요.

우리나라의 참여 재판에는 독특한 특징이 있어요.

배심제	• 배심원(일반 국민)이 재판에 참여함. • 직업 법관으로부터 독립하여 유무죄에 대한 판단을 내리고 법관은 그 판단에 따르는 제도. • 미국, 영국 등에서 시행.
참심제	• 참심원(일반 국민)이 직업 법관과 함께 재판부의 일원으로 참여함. • 참심원이 직업 법관과 동등한 권한을 가지고 사실 문제와 법률 문제를 판단하는 제도. • 독일, 프랑스 등에서 시행.

배심제는 일반 국민이 배심원으로 재판에 참여하고, 배심원들이 유무를 판결하는 것으로 미국이나 영국 등에서 시행하고 있어요. 참심재는 일반 국민이 직업 법관과 함께 재판부의 일원으로 참여하는데, 직업 법관과 동등한 권한을 가지고 사실 문제와 법률 문제를 판단하는 것으로 독일이나 프랑스에서 시행하고 있지요. 우리나라의 국민 참여 재판 제도는 배심제와 참심제의 장점을 찾아 우리에 맞게 적용한 것이랍니다.

이런 법도 있다고?

세계에는 우리 문화와 크게 다른 법률과 규칙, 습관을 가진 나라가 있어요. 우리 입장에서는 황당하고 이상해 보일 수도 있지요. 어떤 법이 있는지 살펴볼까요?

싱가포르

싱가포르에서는 길거리에서 껌을 씹으면 벌금을 물어요. 껌을 씹고 뱉어 길바닥이 더러워지는 것을 방지하기 위해서예요. 그래서 아예 껌 판매가 금지되어 있답니다. 공공장소에서 껌을 씹다가 적발되면 우리나라 돈으로 80만 원 정도나 물어야 한다니 조심해야겠죠? 최근에는 금연용과 치과 치료 보조용으로 껌을 씹는 건 가능해서 신분증을 제시하고 구입할 수 있다고 해요.

브룬디

아프리카 지역의 브룬디에서는 단체 조깅이 금지되어 있어요. 이 나라는 독재 정권이라 집단 시위 같은 것이 금지 사항인데요. 단체 조깅도 시위처럼 보일 수 있기 때문에 못 하게 하는 거라고 해요.

사우디아라비아

사우디아라비아, 이란, 파키스탄 등 이슬람 국가에서는 밸런타인데이가 금지되어 있어요. 우리는 밸런타인데이가 여성이 남성에게 사랑한다고 고백하는 날처럼 인식되어 있지만, 사실은 성 발렌티누스 사제가 순교한 2월 14일을 기념하는 날이에요. 비이슬람 국가인 유럽의 풍습이기 때문에 금지하는 것이랍니다. 만약 이 법을 어기고 밸런타인 풍습에 맞춰 파티를 열거나 축제를 즐기면 태형(나무 막대기 등으로 된 매로 치는 것)에 처해진답니다.

스위스

최근 우리나라는 아파트 층간 소음으로 이웃들과 분쟁이 종종 일어나는데요. 스위스에서는 이웃에게 피해를 주는 소음은 반사회적인 행위로 여긴다고 해요. 소변보는 소리, 물 내리는 소리 등에도 예민해서 밤 10시 이후에는 이를 모두 금지하고 있어요. 샤워를 해도 안 되고요. 충분히 쉬는 사회적 분위기를 유지하기 위해 일요일에는 세차를 하거나 정원의 잔디 깎기도 금지한대요. 주말에 집안일을 몰아서 하는 우리나라에서는 쉽게 이해할 수 없는 법이죠?

이탈리아

이탈리아 베니스에서는 비둘기 같은 새에게 먹이를 주면 벌금을 내야 해요. 워낙 관광객들이 많이 모이는 도시라 사람들이 자꾸 먹이를 주면 새들이 먹이를 받아먹는 것에 익숙해지기 때문이지요. 우리나라도 공원 등에서 새들에게 먹이를 주지 말라고 권고하는 현수막이 종종 걸리기는 해요. 자연의 법칙대로 살아가야 할 동물들이 인위적인 방식에 길들여지는 것을 막기 위해서지요.

일본

일본은 2008년부터 '메타보 법'을 시행하고 있어요. 이 법은 당뇨병이나 심장 질환을 야기할 수 있는 메타볼릭 신드롬(비만·고혈당·고중성지방 혈증·고(高)콜레스테롤 혈증·고혈압 등의 위험 인자가 겹쳐진 상태)을 방지하기 위해 만들어진 거예요. 그렇다고 정부 차원에서 비만이라고 처벌하는 것은 아니에요. 다만 기업이나 공공 기관에서 40세 이상의 직원들의 허리둘레가 기준치(남자 85㎝, 여자 90㎝)를 초과하면 기업에 벌금을 부과하고 있지요. 이 때문일까요? 일본은 OECD 회원국 중에서 가장 낮은 비만율을 유지하고 있답니다.

사형 제도는 없애야 할까, 유지해야 할까?

우리나라에서 현재의 사형 집행에 관한 형법을 가지게 된 것은 일제 강점기 때부터 예요. 이후 1960년 보안법, 1961년 반공법 및 폭력 행위에 관한 법률, 1983년 특정 경제 가중 범죄 처벌에 관한 법률 등을 통해서 사형 규정이 확정되었지요.

1948년 정부 수립 이후 모두 920명의 사형이 집행되었는데, 강도와 강도 살인 죄목으로 가장 많은 사형이 집행되었다고 해요. 하지만 우리나라는 1997년 12월 30일 이후로는 사형이 집행되지 않아 '실질적 사형 폐지국'으로 분류된 상황이랍니다.

2003년과 2008년, 국가 인원 위원회에서 조사한 바에 따르면 국민들은 사형 제도 폐지에 아직 반대하는 편이에요. 흉악 범죄를 예방하는 데 도움이 될 거라는 기대 때문에 완전 폐지에 대해서는 좀 불안해하는 것이지요. 그렇게 의견을 내놓으면서

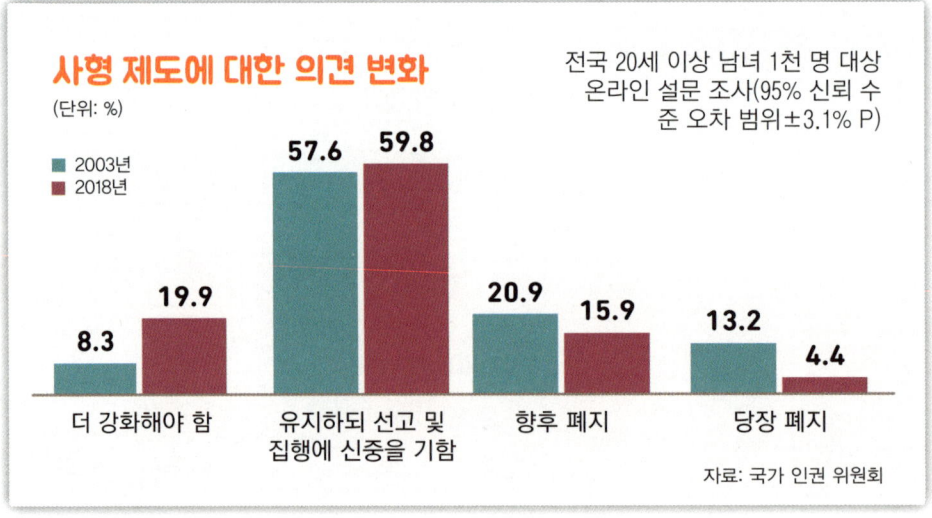

도 사형 집행에 신중해야 한다는 의견이 많아요. 혹시나 범죄 수사가 미흡했거나 판결이 잘못되어 죄를 뒤집어쓴 것일 수도 있기 때문이지요.

다른 나라의 경우는 어떨까요?

2016년 국제앰네스티(인권을 지키기 위해 활동하는 국제 단체)의 조사에 따르면 중국을 비롯해 이란, 사우디아라비아, 이라크, 파키스탄 등이 사형 집행국 1위에서 5위를 기록하고 있어요. 미국은 2006년 이후 처음으로 사형 집행 상위 5개국에서 벗어났고, 1991년 이래로 최저를 기록하고 있어요. 베트남은 사형 집행 건수가 급격하게 증가했고요.

중국의 사형 집행은 어마어마할 정도예요. 전 세계 사형 집행 건수를 전부 합친 것보다 더 많은 사형을 집행했지요. 이 수치도 중국 당국이 정확하게 밝힌 것이 아니라서 실제로는 더 많은 죄수들이 목숨을 잃었을 것으로 전문가들은 추측하고 있어요.

이 상위 5개국이 사형을 많이 하는 이유는 무엇일까요?

아무래도 이들 국가가 대통령이나 왕, 정부가 권력을 강하게 쥐고 있기 때문일 거예요. 종교적인 이유일 수도 있고요. 나라의 혼란을 사형이라는 강력한 제도를 이용하여 국민들을 통치하는 것이지요.

여러분은 이러한 사형 제도에 대해 어떤 생각을 갖고 있나요? 범죄자에도 인권이 있으니 사형 제도는 무조건 폐지해야 할까요? 아니면 흉악한 범죄를 예방하기 위해 사형 제도를 유지해야 할까요?

빈칸 채우기

재판과 형벌에 대한 재미있는 법 이야기를 잘 읽었나요?
다음 빈칸을 채우며 법률에 대한 지식을 복습해 봐요.

재판에는 형사 재판과 민사 재판이 있는데, ❶ 은 도둑이나 강도, 폭력배 같은 범죄자를 재판하는 거야. 검사가 범죄자의 범행을 밝히기 위해 수사하고 재판을 신청하지. 하지만 ❷ 은 사람들끼리의 다툼이나 피해를 입었을 때 받는 재판이야. 이때 재판을 건 사람이나 재판을 받아야 하는 사람은 변호사의 도움을 받을 수 있어.

변호사와 검사, 판사는 법조인으로 법과 정의를 실현하는 데 목적을 두고 있어. ❸ 는 법을 모르는 사람을 대신해 권리와 이익을 찾아 주는 사람이고, ❹ 는 범죄자의 죄를 밝히기 위해 수사하고 재판을 신청하는 사람, ❺ 는 다툼을 공정하게 판결하는 사람이야.

재판은 세 번까지 다시 할 수 있어. ❻ 은 대한민국 최고 법원으로 총 3번의 재판 중 마지막 재판이 이루어지는 곳이기 때문에 판결이 나면 절대로 바뀌지 않아.

정답: ❶ 형사 재판 ❷ 민사 재판 ❸ 변호사 ❹ 검사 ❺ 판사 ❻ 대법원

공공장소 사회의 여러 사람 또는 여러 단체에 공동으로 속하거나 이용되는 곳을 말해요.

구치소 형사 피의자 또는 형사 피고인으로서, 구속 영장에 의하여 구속된 사람을 판결이 내려질 때까지 수용하는 시설이에요. 교도소는 형이 집행되어서 수감하는 곳이에요.

단톡방 '단체 대화(talk) 방'의 줄임말로 3인 이상의 사람이 이야기하는 메신저 대화(채팅)방이에요.

도덕 사회의 구성원들이 양심, 사회적 여론, 관습 따위에 비추어 스스로 마땅히 지켜야 할 행동 준칙이나 규범을 말해요. 양심에 따라 지키게 되지요.

무기 징역 기간을 정하지 않고 평생 동안 교도소 안에 가두어 의무적인 작업을 시키는 형벌이에요.

법치 국가 국민의 의사에 따라 만든 법률에 의하여 다스려지는 나라를 말해요.

신탁 신이 인간의 물음에 대답하는 일이에요. 그리스 신화를 보면 사람들이 신탁에 의해 나라의 큰일을 결정하지요.

인권 사람이라면 누구나 태어나면서부터 당연히 가지는 기본적인 권리예요.

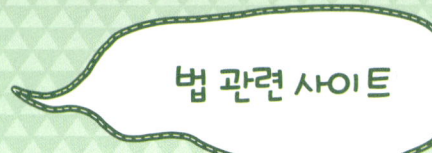

법무부 www.moj.go.kr
법무부에서 운영하는 홈페이지예요. 법과 관련된 다양한 지식과 정보들을 찾아볼 수 있어요.

대한민국 법원 www.scourt.go.kr
우리나라 사법부를 소개하고 재판이 진행된 다양한 판결 등 여러 가지 정보를 알아볼 수 있어요.

헌법 재판소 www.ccourt.go.kr
우리나라 최고의 법인 헌법을 수호하고 국민의 기본권을 지켜 주는 헌법과 관련된 크고 작은 분쟁과 최근 선고, 변론 사건 등 헌법 재판소에서 하는 일을 소개하고 있어요.

국가 법령 정보 센터 www.law.go.kr
우리나라에서 시행하고 있는 다양한 법령을 찾아볼 수 있는 곳이에요. 자치 법규나 행정 규칙, 법원의 판례, 대학교 학칙 등 다양한 사회 규범을 확인할 수 있답니다. 어렵고 까다롭게 보이는 법률 용어를 쉽게 설명해 주는 코너도 있어요.

법제처 www.moleg.go.kr
국무총리 소속으로, 국무 회의에 상정될 법령안과 총리령안 및 부령안의 심사와 기타 법제에 관한 사무를 맡아보는 곳이에요. 다양한 법령 정보 서비스를 제공하고 해외 법령도 확인할 수 있지요.

국회 정보 시스템 likms.assembly.go.kr
국회 법률, 국정 감사 정보, 예산 및 결산 정보 등을 확인할 수 있는 곳이에요. 국민을 대신해서 국회 의원이 법을 만드는 만큼, 관련된 내용들을 검색을 통해 찾아볼 수 있답니다.

신나는 토론을 위한 맞춤 가이드

법 지킴이 바른이와 함께 법 공부를 즐겁게 마쳤나요? 이제 친구들과 부모님한테 바른이만큼 똑똑하게 법률 이야기를 말할 수 있을 거예요. 친구들과 법과 관련해서 토론도 할 수 있을 거고요.

이제 마지막 단계인 토론을 잘하려면 올바른 지식과 다양한 정보가 뒷받침되어야 해요. 책을 다 읽고 친구 또는 부모님과 신나게 토론해 봐요!

잠깐! 토론과 토의는 뭐가 다르지?

토론과 토의는 모두 어떤 문제를 해결하기 위해 의견을 나누는 일입니다. 하지만 주제와 형식이 조금씩 달라요. 토의는 여러 사람의 다양한 의견을 한데 모아 협동하는 일이, 토론은 논리적인 근거로 상대방을 설득하는 일이 중요합니다. 토의는 누군가를 설득하거나 이겨야 하는 것이 아니기 때문에 서로 협력해서 생각의 폭을 넓히고 좋은 결정을 내릴 때 필요해요. 반면 토론은 한 문제를 놓고 찬성과 반대로 나뉘어 서로 대립하는 과정을 거치지요. 넓은 의미에서 토론은 토의까지 포함하는 경우가 많습니다. 토론과 토의 모두 논리적으로 생각 체계를 세우고, 사고력과 창의성을 높이는 데 도움을 준답니다.

토론의 올바른 자세

말하는 사람
1. 자신의 말이 잘 전달되도록 또박또박 말해요.
2. 바닥이나 책상을 보지 말고 앞을 보고 말해요.
3. 상대방이 자신의 주장과 달라도 존중해 주어요.
4. 주어진 시간에만 말을 해요.
5. 할 말을 미리 간단히 적어 두면 좋아요.

듣는 사람
1. 상대방에게 집중하면서 어떤 말을 하는지 열심히 들어요.
2. 비스듬히 앉지 말고 단정한 자세를 해요.
3. 상대방이 말하는 중간에 끼어들지 않아요.
4. 다른 사람과 떠들거나 딴짓을 하지 않아요.
5. 상대방의 말을 적으며 자기 생각과 비교해 봐요.

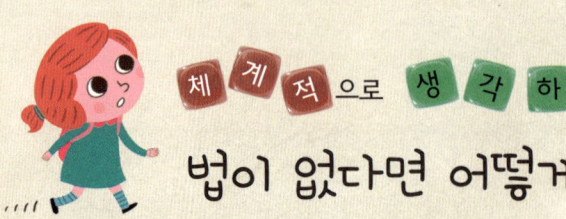

체계적으로 생각하기
법이 없다면 어떻게 될까요?

법이 없다면 사람들이 범죄를 저질러도 처벌할 법이 없으므로 더 나쁜 사람들이 나쁜 짓을 할 거예요. 그로 인해 선량한 많은 사람들이 피해를 보게 되겠지요. 법이 없으면 어떤 일이 벌어질지 생각하고 적어 보아요.

1. 법이 없으면 학교에서 벌어질 일

2. 법이 없으면 공공장소에서 벌어질 일

3. 법이 없으면 도로에서 벌어질 일

민식이법 때문에 버스 노선을 바꿨다고요?

2020년 3월 민식이법이 시행된 이후 민식이법을 둘러싼 논란이 커지는 분위기예요. 아래 글을 읽고 민식이법에 대해 정리해서 말해 보세요.

'민식이법'을 부담스러워 하는 버스 기사들이 어린이 보호 구역(스쿨 존)을 통과하지 않도록 노선을 변경 요청했어요.

이 요청을 받아들여 수원시는 7000번 광역 버스 노선 변경 신청을 2020년 7월 인가했지요. 이에 따라 7000번 광역 버스는 스쿨 존이 있는 아파트 단지를 우회하게 되었답니다.

왜 이런 일이 생겼냐고요? 민식이법 시행 이후 많은 버스 기사들이 사고 발생 시 처벌받을 것에 대한 불안함을 호소했기 때문이라고 해요. 버스 회사 측은 사고 위험과 버스 운행 시간을 줄일 수 있다고 판단해 노선 변경을 결정한 것이지요. 민식이법 시행 전에도 이 구간은 과속 방지 턱과 신호등이 많아 구간을 통과하는 데 시간이 오래 걸려 버스 기사들의 불만이 많았다고 해요. 노선 변경 후 7000번 버스 운행 시간은 10~15분 정도 단축되었지요.

1. 민식이법이 무서워 버스 노선을 변경하는 것에 대한 여러분의 생각은 어떤가요?

- 의견 : 노선 변경을 해야 한다.
- 이유 :

VS

- 의견 : 노선 변경을 할 필요 없다.
- 이유 :

2. 가중 처벌 논란으로 스쿨 존 교통사고 상해·사망 형량을 낮추는 민식이법 개정안이 발의되기도 했어요. 이에 대한 여러분의 생각을 말해 보세요.

인터넷에도 법이 있다고요?

인터넷을 통한 불법 행위를 한 범죄자에 대한 뉴스를 들은 적 있나요? 아래 글을 읽고 인터넷을 통해 이뤄진 범죄는 어떤 악영향이 있고 왜 처벌을 받아야 하는지 말해 보아요.

코로나바이러스가 퍼지기 시작한 2020년 봄, '가짜 뉴스'가 기승을 부렸어요. 어느 지역의 병원에서 '신종 코로나바이러스 감염증' 환자가 발생했다는 거였지요. 이런 글들은 온라인 지역 커뮤니티에 올라오면서 순식간에 퍼졌어요.
"어떤 사람이 기침하고 열이 나서 병원에 갔는데 코로나19 양성 반응으로 격리 조치됐다네요. 절대 그 병원 가지 마세요!"
"그 병원 간호사가 코로나19 환자였대요. 다녀오신 분들 조심하세요."
"본인이 코로나19 환자인 것을 알면서도 마스크도 안 쓰고 돌아다녔대요."
경찰이 확인한 결과, 사실인 내용도 있었지만 거짓말인 경우도 있었어요. 누군가에 대한 악감정을 갖고 가짜 뉴스를 퍼뜨리기도 하고, 잘못된 소문을 확대 해석해서 퍼뜨리는 경우도 있었지요.
해당 병원은 "가짜 뉴스의 진위를 확인하는 문의가 빗발쳐 업무를 방해받고 있다."며 경찰에 신고하기도 했어요. 경찰은 최초 게시자와 유포자 등의 신원 확인을 위해 해당 커뮤니티가 있는 포털에 대해 압수 수색 영장을 신청하기도 했고요.
최초 유포자가 어떤 의도를 갖고 그런 글을 썼는지 모르겠지만, 사실을 확인하지 않고 다른 사람을 비방하는 내용의 글을 쓰면 안 돼요. 그 글의 진위를 파악하지 않고 무작정 공유해서도 안 되고요.
이런 경우 정보 통신망 이용 촉진 및 정보 보호 등에 관한 법률상 명예 훼손이나 형법상 업무 방해 혐의가 적용될 수도 있답니다.

1. 인터넷을 통해 가짜 뉴스를 퍼뜨리는 일이 왜 범죄가 될까요?

2. 가짜 뉴스를 접한다면 어떻게 해야 할까요?

3. 어떤 뉴스는 사실로 분명하게 확인되지 않았다고 바로 가짜 뉴스로 취급받기도 해요. 이런 뉴스를 무조건 범죄로 여기고 막을 경우 어떤 문제점이 있을지 말해 보세요.

창의력 키우기
내가 가장 만들고 싶은 법은?

법은 필요에 의해 생겨났다 없어져요. 여러분은 만들고 싶은 법이 있나요? 여러분이 가장 만들고 싶은 법을 몇 가지 생각해 보고 그 이유를 적어 보아요.

☐ 법

그 이유는? :

☐ 법

그 이유는? :

☐ 법

그 이유는? :

예시 답안

법이 없다면 어떻게 될까요?

1. 힘 있는 친구들이 힘없는 친구를 마음대로 괴롭힐 것이다.
2. 공중도덕을 지키지 않는 사람이 많아질 것이다.
3. 차가 다니든 말든 무단 횡단을 하는 사람이 많아질 것이다.

민식이법 때문에 버스 노선을 바꿨다고요?

1. **노선 변경을 해야 한다:** 민식이법은 스쿨 존 내 교통사고에 대한 처벌을 강화한 법이므로 빠른 운행을 해야 하는 광역 버스의 입장에서는 사고 위험이 있는 지역을 피하는 게 옳다.
   노선 변경을 할 필요 없다: 민식이법은 어린이를 위한 도로 교통법이므로 사고가 나지 않게 법을 지켜 운행을 하면 된다.
2. [예시 답안 1] 민식이법은 운전자에게 경각심을 주자는 취지로 만들어졌지만, 다른 법에 비해 처벌 수위가 과한 것이 사실이다. 그러므로 어느 정도까지는 처벌 수위를 조정하는 것이 낫다고 생각한다.
   [예시 답안 2] 민식이법의 기본 취지는 교통사고에 취약한 어린이를 보호하는 것이다. 당분간 운전자의 경각심을 높이기 위해 기존 법을 유지시켜야 된다고 생각한다.

인터넷에도 법이 있다고요?

1. 가짜 뉴스는 잘못된 정보로 사람들의 혼란을 야기시켜 전 세계를 혼란에 빠뜨릴 수도 있기 때문에 범죄라고 생각한다.
2. 가짜 뉴스는 누군가에게 피해를 줄 수도 있으므로 함부로 유포하지 말고, 신중하게 그 진위를 점검해야 한다고 생각한다.
3. 가짜 뉴스를 막기 위해 제정된 법이 표현의 자유를 제한하고, 내부 고발자나 정부를 비판하는 발언 그리고 언론의 자유를 검열하기 위해 사용될 수도 있기 때문에 사실로 확인되지 않은 내용이라고 해서 무조건 범죄로 규정해서는 안 된다고 생각한다.

정가 480,000원

개념 수학 〈1단계〉① 양치기 소년은 연산을 못한대(수와 연산) ② 견우와 직녀가 분수 때문에 싸웠대(수와 연산) ③ 헨젤과 그레텔은 도형이 너무 어려워(도형) ④ 쉿! 신데렐라는 시계를 못 본대(측정) ⑤ 알쏭달쏭 알라딘은 단위가 헷갈려(측정) ⑥ 떡장수 할머니와 호랑이는 구구단을 몰라(규칙성) ⑦ 아기 염소는 경우의 수로 늑대를 이겼어(자료와 가능성) ⑧ 개념 수학 1단계-백점맞는 수학 문장제 〈2단계〉⑨ 가우스, 동화 나라의 사라진 0을 찾아라(수와 연산) ⑩ 가우스는 소수 대결로 마녀를 물리쳤어(수와 연산) ⑪ 앨런, 분수와 소수로 악당 히틀러를 쫓아내라(수와 연산) ⑫ 오일러와 피노키오는 도형súng 대회 1등을 했어(도형) ⑬ 오일러, 오즈의 입체도형 마법사를 찾아라(도형) ⑭ 유클리드, 플라톤의 진리를 찾아 도형 왕국을 구하라(도형) ⑮ 아르키는 어림하기로 걸리버 아저씨를 구했어(측정) ⑯ 페르마, 수리수리 규칙을 찾아라(규칙성) ⑰ 피보나치, 수를 배열해 비밀의 방을 탈출하라(규칙성) ⑱ 파스칼은 통계 정리로 나쁜 왕을 혼내줬어(자료와 가능성) ⑲ 개념 수학 2단계-백점맞는 수학 문장제 〈3단계〉⑳ 약수와 배수로 유령 선장을 이긴 15소년(수와 연산) ㉑ 입체도형으로 수학왕이 된 앨리스(도형) ㉒ 원주율로 떠나는 오디세우스의 수학 모험(측정) ㉓ 비례배분으로 보물섬을 발견한 해적 실버(규칙성) ㉔ 로미오와 줄리엣이 첫눈에 반할 확률은?(자료와 가능성) ㉕ 개념 수학 3단계-백점맞는 수학 문장제
융합 수학 ㉖ 쌍둥이 건물 속 대칭축을 찾아라(건축) ㉗ 열차와 배에서 배수와 약수를 찾아라(교통) ㉘ 스포츠 속 황금 각도를 찾아라(스포츠) ㉙ 옷과 음식에도 단위의 비밀이 있다고?(음식과 패션) ㉚ 꽃잎의 개수에 담긴 수열의 비밀(자연)
창의 수학 ㉛ 퍼즐탐정 셜록홈즈1-외계인 스콜피오스의 음모 ㉜ 퍼즐탐정 셜록홈즈2-315일간의 우주여행 ㉝ 퍼즐탐정 셜록홈즈3-뒤죽박죽 백설공주 구출 작전 ㉞ 퍼즐탐정 셜록홈즈4-'지지리 마란드러'의 방학숙제 대작전 ㉟ 퍼즐탐정 셜록홈즈5-수학자 '더하기 모네'와 한판 승부 ㊱ 퍼즐탐정 셜록홈즈6-설국열차 기관사 '얼어도 달리능기라' ㊲ 퍼즐탐정 셜록홈즈7-해설 및 정답
개념 사전 ㊳ 수학 개념 사전 1(수와 연산) ㊴ 수학 개념 사전 2(도형) ㊵ 수학개념사전 3(측정/규칙성/자료와 가능성)